Wieland Simon, geboren 1954, hat Geschichte und Politologie studiert. Nach fünfjähriger Tätigkeit als Zeitungsredakteur und drei Jahren als freier Wissenschaftsjournalist für Rundfunk, Zeitungen und Fachzeitschriften arbeitet er heute als Wirtschaftskorrespondent für die Deutsche Presseagentur und die Vereinigten Wirtschaftsdienste. Er hat bereits mehrere Bücher veröffentlicht, u. a. über die Ökologie Afrikas. Auf vielen Reisen durch China trug er Daten, Fakten und Erfahrungen von Behörden, Entwicklungshelfern und Fachleuten internationaler Hilfsorganisationen für den vorliegenden Band zusammen.

Originalausgabe 1988

Umschlaggestaltung Adolf Bachmann, Reischach
Umschlagillustration Brigitte Schneider
Satz IBV Satz- und Datentechnik GmbH, Berlin
Reproduktion Siefert, Ulm
Druck und Bindung Ebner Ulm
Printed in Germany 5 4 3 2 1
ISBN 3-426-03939-7

Wieland Simon:
Ein Acker für Cheng

Ökologische Perspektiven in einem sozialistischen System – Landnutzung und Bevölkerungswachstum in China

Mit zahlreichen Tabellen
und Abbildungen

Knaur®

Inhalt

Vorwort
Seite 7

Kapitel 1:
Ein Acker für Cheng
Seite 11

Landwirtschaftliche Entwicklung in China seit der Reform 1979 am Beispiel der Provinz Chongqing – Erscheinungsformen und Probleme in der Landwirtschaft Chinas heute

Kapitel 2:
Das weite Land
Seite 33

Ressourcen – Geologie – Klima und Niederschläge – Landnutzung – Bevölkerungswachstum

Kapitel 3:
Eine Reisschüssel für alle
Seite 75

Chinas Landwirtschaft von der kommunistischen Machtübernahme bis heute: Kollektivierung – Landreform – freie Märkte – Fortschritte in der Produktion

Kapitel 4:
Fortschrittsfaktor Wirtschaft
Seite 139

Die Industrialisierung des Landes – Industrielle Großprojekte

Kapitel 5:
Risikofaktor Umwelt
Seite 177

Umweltpolitik – Umweltkatastrophen – Bevölkerungswachstum bei gleichbleibender landwirtschaftlicher Produktionsfläche – Engpässe in der Nahrungsmittelversorgung

Literatur
Seite 233

Vorwort

Als 1978 in der Volksrepublik China im Zuge der Wirtschaftsreform und Öffnungspolitik der Bauer Cheng seinen Acker zurückbekam und von da an frei und ohne Anweisung von Brigadeführern und Parteifunktionären Gemüse, Getreide und Blumen pflanzen konnte, als er seine Ernte frei auf dem Markt verkaufen und den Gewinn in die eigene Tasche stecken durfte, als auf diese Weise die gesamte Landwirtschaft Chinas jährlich zweistellige Wachstumsraten erreichte, jubelten im Westen die Wirtschaftsfachleute auf: Sahen sie sich doch in ihrer Einschätzung bestätigt, daß das sozialistische Modell der Volkskommunen und der Planwirtschaft mangels Konjunkturaufschwung zum Scheitern verurteilt war, der kommunistische Fortschritt sich in eine Sackgasse verrannt hatte. Stramme Parteigenossen witterten Verrat an der Lehre, als in der Volksrepublik die ersten Millionäre in der Öffentlichkeit auftauchten: Seit 1978 werden Verantwortung und Leistung stärker honoriert als Planwirtschaft und ideologische Treue.

Doch ohne die erste Revolution der Roten Armee wäre die zweite Revolution der Wirtschaftsreform nicht möglich gewesen, die das bis dahin geltende System der staatlichen Planwirtschaft durch Eigentum, befristete Verfügbarkeit über Grund und Boden sowie durch privatwirtschaftliche Prinzipien langsam zersetzte.
Denn anders als in der westlich orientierten Welt, wo

heute noch die hungernde Landbevölkerung wie in Südamerika mit Waffengewalt von Grund und Boden vertrieben wird, hatten einst mit Mao Zedongs Machtübernahme die Landreform und die Enteignung der Großgrundbesitzer dem Volk in China wieder Grund und Boden zurückgegeben und damit die Voraussetzung für die weitere Entwicklung der Gesellschaft geschaffen. Auch wenn das Land zunächst noch in Form von Kollektiven bewirtschaftet und von Funktionären verwaltet worden war, gelang es, den Hunger zu beseitigen, Schulen einzurichten, Krankheiten und Seuchen zu bannen und die Grundversorgung der Bevölkerung mit Nahrungsmitteln sicherzustellen.
Aus eigener Kraft hat China damit erreicht, was bis heute anderen, westlich orientierten Entwicklungsländern trotz Subventionen in Milliardenhöhe aus Industrienationen nicht gelungen ist.

Doch mit dem Ende der 70er Jahre, als die Bevölkerung Chinas seit der Gründung der Volksrepublik nahezu auf das Doppelte angewachsen war, wiesen Anzeichen darauf hin, daß die bislang auf Massenproduktion ausgerichtete Politik der Regierung in Beijing in eine ernste Krise zu geraten drohte: Zum einen fehlten sichtbare Fortschritte, die den Menschen bescheidenen Wohlstand in Aussicht stellten. Die zu diesem Zeitpunkt begonnene Wirtschaftsreform schuf einen Ausweg und löste einen Wachstumsboom aus, der bis heute nahezu unverändert anhält. Doch dieser Boom verschärft auch zum anderen den zweiten Krisenfaktor, der seit Beginn der 60er Jahre deutlich wurde: den Konflikt mit der Umwelt. Denn das fast ungebremste Wachstum und die nur minimal kontrollierte Zunahme der Bevölkerung finden in einem Naturraum statt, dessen Ressourcen nicht beliebig vermehrbar sind.

Damit steht die Sicherung der Ernährung, mit Abstand die wichtigste Aufgabe der chinesischen Wirtschaft, vor neuen Problemen: Mit nur sieben Prozent des Ackerbodens der Erde muß die Volksrepublik knapp ein Viertel der Weltbevölkerung ernähren – und dies bei schrumpfender landwirtschaftlicher Nutzfläche. Seit 1949 ging die Gesamtackerfläche um rund zwölf Millionen Hektar zurück. Dem Neulandgewinn sind Grenzen gesetzt: 40,6 Prozent der Landfläche Chinas sind nur schwer erschließbar, knapp zwei Drittel davon werden von Gebirgen und Wüsten eingenommen.

In China liegt heute der Pro-Kopf-Anteil an Wasser, Wald und Boden unter dem Durchschnitt der meisten anderen Länder der Welt. Mit der wirtschaftlichen Aufbau- und Entwicklungsphase steigt der Energie- und Rohstoffverbrauch zunehmend. Die Erschließung von Rohstoffen geht mangels Fachleuten, Kenntnissen und Plänen häufig ohne Rücksicht auf den Natur- und Umweltschutz vor sich.
Laut offiziellen chinesischen Statistiken ist derzeit eine Fläche von 1,5 Millionen Quadratkilometern von Bodenerosion betroffen, die durch die blinde Zerstörung der Wälder und Steppen und eines großen Teils der Pflanzendecke verursacht wurde. Im Vergleich zu 1949 bedeutet das eine Zunahme der Erosion auf 300000 Quadratkilometern und betrifft damit ein Sechstel der Gesamtfläche Chinas. Die bereits versandete Fläche beträgt 328000 Quadratkilometer und zieht sich über zwölf Provinzen hin. 26 Millionen Hektar Boden sind

meist infolge falscher Bewässerungsmaßnahmen von der Alkalisierung bedroht. Jedes Jahr geht die Waldfläche um 1,5 Millionen Hektar zurück, jährlich werden 200 Millionen Kubikmeter Bäume abgeholzt, obwohl im Staatsplan die Menge auf ein Drittel dieser Zahl festgelegt ist. Wissenschaftler sind der Meinung, daß man, selbst wenn die Zerstörung der Natur sofort gestoppt würde, die bereits vorhandenen Schäden kurzfristig nicht wieder beheben könne. Die versandeten Flächen werden sich bis zum Jahr 2000 durchschnittlich um mehr als 660000 Hektar vergrößern. Von 78 untersuchten Flüssen gelten 54 als verschmutzt und davon die 14 größten Wasseradern des Landes als ernsthaft vergiftet.

Der Volksrepublik China muß es daher künftig gelingen, den Bevölkerungsdruck auf die Landfläche zu dämpfen und das weitere Wachstum der Wirtschaft auf die Umweltverträglichkeit abzustimmen.
Voraussetzungen dafür sind exakte Bestandsaufnahmen des noch vorhandenen Naturhaushalts und der Veränderungen durch Schadstoffe und Wachstumsdruck, um künftig planmäßig die Ressourcen nutzen zu können. Denn ohne eine Politik, die die Erhaltung der Existenzgrundlagen des Volkes, einen intakten Naturraum, ernsthaft zum Ziel ausgewählt hat, droht China in den nächsten Jahrzehnten eine ökologische Katastrophe – unabhängig davon, ob eine kapitalistische oder eine kommunistische Partei in Beijing regiert.

Kapitel 1:

Ein Acker für Cheng

Zwischen Wolkenfetzen, Nebelschleiern und Bergspitzen setzt das moderne, zweistrahlige Passagierflugzeug amerikanischer Bauart langsam auf die fruchtbare Erde Sichuans auf. In den überfluteten Terrassen an den Berghängen spiegeln sich die Wolken, dazwischen leuchtet grün, gelb und rot das Landschaftsmosaik, das von einem dichten Netz aus Wegen und Straßen durchzogen ist und in dem Bauernhöfe und Dörfer den natürlichen Reichtum der Landschaft anzeigen, deren ertragreicher Boden bis auf den letzten Quadratmeter genutzt wird. Der Flughafen von Chongqing liegt eine halbe Autostunde von der Stadt entfernt, die bereits vor drei Jahrtausenden an der Mündung des Flusses Jialing Iiang in den Chang Iiang errichtet wurde, der den Europäern meist unter dem Namen Yangtze Kiang bekannt ist. Auf der Fahrt in die Stadt spielen sich farbige Szenen vor den getönten Scheiben des Busses ab, die aus einem Bildband stammen könnten: Zwischen gelben Rapsfeldern bewegen sich schwarzhaarige Mädchenköpfe, auf den ausgetretenen Wegen schieben Bauern tief vornübergebeugt ihre Fahrräder, die links und rechts mit überquellenden Körben voll Gemüse bepackt sind. Das helle Grün der Reisfelder wird durchzogen von blauen Wasserkanälen und dunkelgrünen Teichen, hinter verstreuten Bambusinseln ducken sich die Bauernhöfe. Hupende Lastwagen scheuchen Lastenträger von der Straße, die an einem Bambusrohr die drückende Last vollbepackter Körbe in Richtung Stadt balancieren. Je näher man dem Zentrum kommt, desto mehr Männer und Frauen drängen sich am Wegesrand. Brücken und eine Seilbahn über den Fluß Iialing Iiang verbinden die Altstadt von Chongqing mit den neueren Bauten am gegenüberliegenden Ufer. Bei der Mündung in den Yangtze haben beide Flüsse sich im Laufe von Jahrtausenden ein tiefes Bett in die Berge von Sichuan gegraben, an den beiden Talwänden haben die Menschen ihre Stadt gebaut: Chongqing zählt heute 13 Millionen Einwohner, alleine im Stadtkern leben zwei Millionen Menschen. Die Straßen passen sich dem steilen Gelände an, und wegen der Gefällstrecken gibt es hier weniger Fahrräder und dafür mehr Autos als anderswo. Der Verkehr ist dichter und die Taxis werden bereits über Funk gerufen.

In der Industriestadt Chongqing, zu der Ausländer bis 1978 keinen Zutritt hatten, die aber 1984 mit der Öffnung nach außen eine Handelshoheit und das Recht erhielt, selbständig mit dem Ausland Geschäfte abzuschließen, ohne bei der Regierung in Beijing nachfragen zu müssen, hat der Fortschritt deutliche Spuren hinterlassen. Eine Million Fernsehgeräte, so schätzen die lokalen Fernsehproduzenten, gibt es in der Stadt, und – anders als in Beijing – hier gehen wesentlich mehr Paare Hand in Hand durch die Straßen. Make-up, Lidschatten und Rouge auf den Gesichtern verraten westliche Vorbilder, die Kleidung ist modischer, abwechslungsreicher und bunter als in der Hauptstadt der Volksrepublik China. In Garküchen sind die »Hochtöpfe« aufgebaut, in denen komplette Mahlzeiten in mehreren Etagen übereinander gleichzeitig auf einer Feuerstelle garen. Familien treffen sich hier bis spät in der Nacht, denn das

Essen ist preiswert: ein bis zwei Yuan pro Teller. Überall freundliche Gesichter, auch den fremdländischen »Langnasen« gegenüber, bei denen das Gefühl von Trostlosigkeit, Uniformität und totaler Lenkung wie in anderen kommunistisch regierten Ländern nicht aufkommt.

An einem Platz im Zentrum, wo mehrere Straßen zusammenlaufen, thront auf einem hohen Sockel die Figur Mao Zedongs. Doch die Statue des großen Steuermannes der Nation gehört der Vergangenheit an; nicht nur, weil der Personenkult in China offiziell abgeschafft worden ist, sondern weil Mao mit seiner Rechten auf die Stände eines freien Marktes hinweist, den es zu seiner Zeit in ganz China noch nicht gab. Auf den Tischen sind Obst und Gemüse ausgebreitet, daneben stehen Käfige mit Hühnern und Gänsen. Nicht für den Staat, sondern auf eigene Rechnung verkaufen hier die Bauern ihre Produkte, deren Anbau nicht die Brigade oder die Partei diktiert, sondern der von den Landwirten aufgrund der Nachfrage bestimmt wird. Der freie Markt hat in China die Planwirtschaft durchlöchert, nachdem Parteitagsbeschlüsse aus dem Jahre 1979 die Wende zur Privatwirtschaft eingeleitet haben.

Von Jiansheng, gut zehn Kilometer außerhalb von Chongqing, fährt jeden Morgen Lin Zheng Won mit seinem schwer beladenen Velo zu einem der über 50 freien Märkte in der Stadt. Lin kennt seine Kundschaft: »Die Städter ziehen den freien Markt trotz der höheren Preise vor, da die Ware frischer ist und direkt vom Feld in die Stadt kommt.«
Früher war ihm das gleichgültig gewesen, da wurde alles

an die Kommune abgeliefert, die den Verkauf organisiert hat. Doch jetzt gibt es Kunden, die Preis und Qualität miteinander vergleichen und Lin zwingen, seine Ware frühmorgens loszuschlagen, da der Bauer dann zehn bis 15 Fen mehr bekommt als in den Abendstunden.

Seit der Einführung der freien Märkte Anfang der 80er Jahre stehen die Bauern in Chongqing nicht nur früher auf, sondern das Leistungsprinzip, das von ihnen auch häufig »Verantwortungsdenken« genannt wird, hat innerhalb weniger Jahre auch die ganzen Entscheidungsstrukturen in den Dörfern verändert. Überall können jetzt die Bauern Äcker und Felder pachten und nach eigenem Gutdünken bewirtschaften, wobei sie allerdings nur 80 Prozent der Ernte auf eigene Rechnung verkaufen dürfen; der Rest muß an den Staat abgeführt werden, um die Grundversorgung sicherzustellen.

Der Kurswechsel, der sich seit 1979 in China vollzieht, ist kaum weniger radikal als die Gründung der von Mao Zedong als ein Kernstück seiner Revolution betrachteten »Volkskommunen«.

»Mit der Planwirtschaft«, so erläutert ein Beamter vom Landwirtschaftsministerium in Beijing die Entwicklung, »sind die Grenzen erreicht worden, über die die Ernten sich nicht mehr wesentlich steigern lassen.« Die Volkskommunen hätten das Land zwar einen wichtigen Schritt vorwärtsgebracht, doch das reiche nicht mehr aus. Mit den besseren Verdienstmöglichkeiten auf freien Märkten sollen die Bauern motiviert werden, mehr zu produzieren.

Trotz aller Zuwachsraten in Industrie und Handel während der vergangenen Jahre prägt immer noch die

Landwirtschaft die Situation in der Volksrepublik China: Die Ernten ihrer Felder ernähren ein Milliardenvolk und sichern 70 Prozent der Rohstoffe für die Leichtindustrie, sowie 70 Prozent aller Arbeitsplätze. Die Sorge um die Ernährung ist immer noch mit Abstand eine ihrer wichtigsten Aufgaben und zugleich ein Kernproblem der Volksrepublik. Mit nur sieben Prozent des Ackerbodens auf der Erdoberfläche muß Rotchina knapp ein Viertel der Erdbevölkerung ernähren – und dies bei schrumpfender landwirtschaftlicher Nutzfläche. Seit 1949 hat sich die Bevölkerung gut verdoppelt, während die Ackerfläche im gleichen Zeitraum durch das Wachstum der Städte und der Industrie um rund 13 Millionen Hektar zurückgegangen ist – etwa die Größe der gesamten Ackerfläche der Bundesrepublik Deutschland.
Die Ressource Boden ist auch in China nicht beliebig zu vergrößern; die Möglichkeiten, neues Land urbar zu machen, sind begrenzt. Wüsten, Dürrezonen und Wassermangel leisten erfolgreich dem Pflug Widerstand, rund 41 Prozent der Landfläche mit Gebirgen und kalten Hochebenen gelten als schwer erschließbar. Einziger Ausweg, der den Chinesen bleibt, ist die Intensivierung der Landwirtschaft, die Steigerung der Ernten, um auch in Zukunft die Kinder ernähren zu können.

Das politische Ziel, das hinter den Reformen Deng Xiaopings verborgen ist, offenbart sich in der Landwirtschaft als ein Diversifizierungs- und Dezentralisierungsprozeß, der der bisherigen Planwirtschaft Mao Zedongs einen »Marktmechanismus« hinzufügt, der die Leistungen der Bauern nicht mehr am Plansoll mißt, sondern mit barer Münze honoriert.

Nach den Taxifahrern in den Städten sind die Bauern auf dem Lande, die ihre Ernten auf den freien Märkten verkaufen können, die »Neureichen« Chinas: Ihr Einkommen liegt um das Fünf- bis Zehn-, vereinzelt auch um das Zwanzigfache über dem eines Universitätsprofessors, Dolmetschers oder gar Beamten. So wird auch Lin Zheng Won nicht mehr lange sein Gemüse täglich mit dem Velo ausfahren, sondern bald mit dem Auto. Der Neuwagen ist bereits bestellt, und mit ihm hofft er, dann auf 20 oder gar 30 Kilometer entfernte Märkte liefern zu können, »falls der Preis stimmt«, erklärt er schmunzelnd. 1979 hatte er zusammen mit seiner Frau und seiner Tochter von der Kommune je ein Mu Land gepachtet und darauf Gemüse angebaut. »In eigener Verantwortung«, betont er und meint damit: auf eigenes Risiko. Stolz präsentiert er das Ergebnis: Im Wohnzimmer, in dem sich die Gäste in gemütlichen Sesseln niederlassen, ist in einer dunklen Ecke der Fernseher aufgebaut. Werbung in Farbe flimmert über den Bildschirm, für Waschmaschinen, Uhren, Kühlschränke und Gesichtscreme. Bei der Frage nach den »Großen Drei« – Armbanduhr, Fahrrad und Nähmaschine –, vor zehn Jahren noch Wunschtraum eines jeden Chinesen, winkt er lässig ab. Lin hat inzwischen mehr: einen Kassettenrecorder für 800 Yuan, einen Ventilator, eine Waschmaschine, eine Nähmaschine und vor allem ein riesiges Haus, das er für seine Familie neu gebaut hat. Zwei Söhne, der eine dient bei der Armee, der andere arbeitet als Fahrer, und zwei Töchter, von denen eine in der Fabrik beschäftigt ist, und die andere in der Landwirtschaft hilft, gehören dazu.

»Der Familie geht es gut«, versichert Bauer Lin, künftig werde es ihr noch besser gehen. Denn der ehemalige

Brigadeführer plant, einen Stall für 20 Schweine zu bauen, um Fleisch auf dem Markt zu verkaufen. »Dafür besteht Bedarf, das bringt das meiste Geld.«

Die Felder, auf denen die Familie Lin Mais und Gemüse, Zwiebeln, Kohl und Kräuter anbaut, wurden vom Staat gepachtet. Genaugenommen von der Kommune, die bis zur Einführung des Vertragssystems die zwölf Quadratkilometer am Talhang zum Yangtze seit den 50er Jahren verwaltet hatte. Mittlerweile ist Lin froh, daß die Herrschaft der 66 Landwirtschaftsbrigaden über die 16000 Menschen, die hier leben, vorbei ist. Doch »ohne diese Anstrengungen«, so der Bauer, »wäre heute das Verantwortungsprinzip nicht so erfolgreich«.

Nach der Machtübernahme der Kommunisten hatte es hier nur ein paar Felder gegeben, von denen sich die Landbevölkerung mehr schlecht als recht ernährt hat. Erst durch die gemeinsamen Anstrengungen wurde die Fruchtbarkeit des Bodens genutzt und die Basis für den heutigen Wohlstand gelegt. Die sechs Dörfer, die sich damals zu einer Kommune zusammengeschlossen hatten, bauten 1959 an den Ufern des Yangtze eine Pumpstation und 1981 auf dem Berg mehrere Speicherbecken mit einer Auffangkapazität von 930000 Kubikmetern. In großen Rohrleitungen wird heute das Wasser aus dem Yangtze hochgepumpt in die Vorratsbehälter, um von dort über offene Kanäle zu den Feldern an den Berghängen zu fließen. 250000 Yuan hat die Kommune bis 1987 für ihr Bewässerungssystem ausgegeben, rund 70 Prozent der 6000 Mu großen Anbaufläche können heute künstlich bewässert werden. Seit den 50er Jahren stieg die Gesamternte in dem Gebiet der Kommune um das Zwölffache, was zum einen auf die Ausdehnung der Anbauflächen zurückzuführen ist, zum anderen aber auch auf die Bewässerung, durch die, je nach Anbauart, zwei bis drei Ernten pro Jahr möglich werden.

Zwischen Ian Sheng und Chongqing liegen die Felder der Gemeinde Jien Long. »Vor 30 Jahren waren wir noch ein Dorf«, erklärt Bürgermeister Wang Fucun, »heute sind wir bereits Vorstadt.« Mit seinen Vororten hat sich Chongqing in den letzten Jahren bis an die Bauernhöfe herangeschoben, so daß die Gemeinde heute weder Stadt noch Land ist. Handwerksbetriebe, Fabriken und Läden werden dort neu gebaut, wo früher Weizen und Kohl wuchsen, ein emsiges Treiben in den asphaltierten Straßen hat das ehemals beschauliche Dorfleben in einen hektischen Großstadtbetrieb verwandelt.

Die rund 14000 Einwohner von Jien Long sind zwar immer noch dieselben, doch seit 1979, als die neue Landwirtschaftspolitik eine Abkehr vom maoistischen Postulat der Volkskommune brachte, nicht mehr die gleichen. Die einheitliche und autoritäre Kaderführung der 50 Brigaden hat sich mittlerweile aufgelöst, und an der Spitze des Dorfes steht ein gewählter Bürgermeister, der sich mehr um wirtschaftliche und administrative Grundsatzaufgaben kümmert, als Arbeit zu organisieren und zu verteilen. Er ordnet eher die Verwaltung der Landwirtschaftsflächen und der neuen Industriebetriebe und führt einen Beraterstab, der sich mehr um Fachkompetenz bemüht als um die politische Schulung der Dorfbewohner. Die Produktionsbrigaden, deren Engagement einst von der Planwirtschaft gebremst wurde, sind mittlerweile selbständige Produktionseinheiten,

deren Erfolg und Effizienz mit klingender Münze honoriert wird.
Bürgermeister Wang Fucun beschreibt die Entwicklung so: »Durch das Angebot des Staates, Grund und Boden zu verpachten, wurde die Initiative der Dorfbewohner im höchsten Maß mobilisiert. Die Produktion deckte sich enger mit den eigenen Interessen. Es ist ein großer Unterschied zwischen der Gegenwart und der Vergangenheit: Vor 1979 hatten die Bauern keine Selbständigkeit, ihre Entlohnung richtete sich nach der geleisteten Arbeitseinheit. Am Jahresende wurden die Gesamteinnahmen der Volkskommunen durch die Gesamtzahl der Arbeitseinheiten geteilt und entsprechend den Anteilen an die Familien ausbezahlt. Doch die Bauern waren zwar auf den Feldern, als ob sie arbeiten würden, aber ohne wirklich Kraft einzusetzen. 1979 verdiente ein Bauer aus Jien Long durchschnittlich 168 Yuan pro Jahr. Das Verantwortungssystem hat sie mittlerweile motiviert und das Interesse an einem eigenen Gewinn sehr aktiv werden lassen.«
Nach der Statistik des Dorfes stieg bis zum Jahre 1986 der durchschnittliche Jahresverdienst eines Gemeindemitgliedes auf 1008 Yuan, doch in der Landwirtschaft, so erklärten einige »Berater« des Bürgermeisters, sei noch wesentlich mehr zu verdienen: das Zwanzig- bis Dreißigfache.

Die ersten in Jien Long, auf die 1979 der Funke des politischen Reformkurses aus Peking übergesprungen war, waren die Brigaden gewesen, deren Einnahmen sehr gering waren. Einheiten, die mehr verdienten, verhielten sich abwartend. »Bauern mit niedrigen Löhnen«, bestätigt der Bürgermeister, »waren eher für das neue

System zu gewinnen als jene, die bereits etwas vermögender waren.« Einige seien aber auch zufrieden gewesen und daran gewöhnt, wie bisher weiterzuproduzieren.
Die folgende Entwicklung ließ ihnen keine Möglichkeit dazu: Innerhalb von vier bis fünf Jahren wurden die Regeln und Produktionsweisen der Kommune aus ihren Angeln gehoben und neue Landwirtschaftstechniken und Arbeitsstrukturen entwickelt, die nur ein Ziel kennen: den Ertrag zu steigern. Plastikfolie wurde eingeführt, die, über die Beete gespannt, schnellere Ernten ermöglicht. Frauen säen in einem Gewächshaus Gemüse aus, um es nach dem Anwachsen ins Freiland zu verpflanzen. Auf den Feldern reifen nach neuen Anbaumethoden bis zu vier Gemüsearten gleichzeitig: In Reihen werden unterschiedlich schnell wachsende Gemüsepflanzen sowie Kräuter gesetzt, um den Boden optimal zu nutzen. Vier Ernten erzielen auf diese Weise die Bauern pro Jahr, und der Ertrag auf den insgesamt 6000 Mu großen Feldern des Dorfes stieg von 6000 Kilogramm pro Mu und Jahr auf mittlerweile 7500 Kilogramm pro Mu und Jahr an.
Doch neben der quantitativen Leistungssteigerung infolge neuer Anbaumethoden und teilweise auch durch den Einsatz von Dünger hat sich die Landwirtschaft von Jien Long auch qualitativ verändert. Da mit Weizen und Reis wenig Geld in China zu verdienen ist, weil der Staat dafür die Preise festsetzt, wurden die gesamten Getreidefelder der Gemeinde in einer Größe von 1000 Mu aus der Produktion herausgenommen: Auf 40 Prozent davon werden Gemüse angebaut, während die restlichen 60 Prozent, ehemalige Reisfelder, zu Fischteichen umgegraben wurden.

Bedingt durch die Nähe zu Chongqing wurde die Gemeinde noch stärker als durch die Landwirtschaft von Gewerbeansiedlungen und Industrieprojekten verändert. »Durch die Fortschritte in der Landwirtschaft«, so der Bürgermeister, »hat man dort mehr Arbeitskräfte freigesetzt, die nun in den Betrieben tätig sind.«
Doch Ursache und Wirkung in der Entwicklung von Jien Long läßt sich schwer trennen, da der Übergang fließend ist: Die Industrialisierungskampagne seit 1984, mit der Gewerbebetriebe auf dem Land gefördert werden, nimmt den Bauern sowohl Grund und Boden und damit Arbeit weg, wie auch Landwirte ihre Felder aufgaben, um in der Industrie mehr zu verdienen. Beide Mechanismen haben dazu geführt, daß bis 1987 sich das Verhältnis von Land- zu Industriearbeitern im Dorf grundlegend verändert hat: Die Zahl der Bauern sank von 3900 auf 2800, die Beschäftigten der Industrie- und Gewerbebetriebe nahmen von 4200 auf 5500 zu.
Und Bürgermeister Wang Fucun ist sehr rührig. Neben mehreren Reparaturbetrieben für Autos und Traktoren baute er eine Gießerei aus, die Aufträge von größeren Unternehmen übernimmt, richtete eine chemische Fabrik ein, um Lacke und Lösungsmittel herzustellen und strukturierte den ehemaligen Bauhof der Kommune zu einer Firma um, in der Ziegel und Betonfertigteile hergestellt werden und Marmor bearbeitet wird. Ein Blick auf die Umsatzzahlen für das Jahr 1986 macht deutlich, wo heute das Schwergewicht der ehemaligen Landgemeinde liegt: Insgesamt wurden 84 Millionen Yuan umgesetzt. Die Landwirtschaft hatte daran einen Anteil von acht Millionen Yuan, die Gemeindeindustrie von 76 Millionen Yuan. »Wir können es uns heute leisten«, so der Bürgermeister, »unseren Bauern Zuschüsse zu

geben.« Konkret übernahm die Gemeinde zwei Drittel der Ausgaben für chemischen Dünger und Folie, während die Bauern ein Drittel aus eigener Tasche bezahlen müssen.

Als nach dem Prinzip von Angebot und Nachfrage die freien Märkte für Produkte der Landwirtschaft Anfang der 80er Jahre in China eingerichtet wurden, folgte nach dem gleichen Motto auf einer zweiten Schiene die Spezialisierung und Differenzierung von Arbeitsgängen. An zahlreichen Orten Chinas haben sich Bauernhöfe freiwillig zu Familienbetrieben zusammengeschlossen, um gemeinsam Pilze zu züchten, Schweinefutter zu produzieren, um Fischteiche anzulegen oder Honig zu erzeugen. Andere wiederum reparieren Traktoren und landwirtschaftliche Geräte.
Vom Erfolg ermutigt, beschloß die Regierung in Beijing 1984, die Privatwirtschaft weiter zu fördern: Die Politiker beschlossen den Ausbau des Vertragssystems, wonach Bauern künftig ihre Anbauflächen auf 15 Jahre pachten und auch dafür Arbeitskräfte einstellen sowie Lastwagen und Traktoren als individuelles Eigentum anschaffen können. Vor allem im Einzugsbereich der Städte sind die neuen Häuser, die Fernsehantennen, die aus den Dächern wachsen, die bessere Kleidung, die Ernährung und verstärkte Konsumfreudigkeit äußere Anzeichen dafür, daß die Möglichkeiten, sich durch Engagement und Erfahrung ein besseres Einkommen zu verschaffen, auch genutzt werden.
Bis Anfang 1983 hatten sich insgesamt 74 Prozent aller chinesischen Bauern nach Angaben aus Beijing auf die Einzelbewirtschaftung umgestellt. Und so mancher Funktionär, der unter Mao gelernt und Karriere ge-

macht hat, fragt sich heute: Ist das noch Sozialismus oder Kommunismus? Die Antwort bekommt er jetzt in China weniger von Parteiideologen, sondern er muß sich mit den Ergebnissen von Meinungsumfragen auseinandersetzen.

Demnach ist die Mehrheit der chinesischen Landbevölkerung mit den Reformmaßnahmen einverstanden, wie Anfang 1988 eine gemeinsam vom Zentralkomitee der Kommunistischen Partei Chinas und vom Ministerium für Landwirtschaftliche Entwicklung finanzierte Umfrage bei 10938 Bauernfamilien in 28 Provinzen ergab. Nach den Ergebnissen unterstützen 87,4 Prozent die Reform in der Landwirtschaftspolitik, während 0,8 Prozent den neuen Kurs ablehnen. 11,8 Prozent hatten keine Meinung. Auf die Frage, was denn an der Reform positiv sei, lobten 90,4 Prozent der Bauern das Mitspracherecht bei der Produktion, 57,2 Prozent fühlten sich generell freier, und 51,5 Prozent stimmten der vorgeschlagenen Antwort zu, daß der Markt nun in Bewegung geraten sei. Unzufriedenheit lösten dagegen die gestiegenen Preise sowie Lieferengpässe vor allem für Produktionsmaterial aus. Kritisiert wurde auch, daß die staatlich garantierten Preise für landwirtschaftliche Produkte zu niedrig seien und die Steuern zu hoch. Allgemein war man optimistisch, daß das Leben besser werde; über 90 Prozent erklärten, daß der finanzielle Spielraum für Lebensmittel und Kleider erweitert worden sei, während 63,2 Prozent meinten, zehn Jahre nach der Reform besser zu wohnen. Vier Prozent dagegen betonten, daß ihr Lebensstandard gesunken sei. Verantwortlich dafür seien fehlende Erfahrungen in der Landwirtschaft, nachdem Grund und Boden gepachtet worden waren, Engpässe beim Einsatz von Arbeitskräften oder die Folgen von Naturkatastrophen wie Unwetter und Überschwemmungen. 34,2 Prozent der Bauern denken, daß ihr Monatseinkommen hoch sei, 5,6 Prozent sehen es sogar über dem Durchschnitt. Mit dem Geld jedoch wolle man die Produktion verbessern, neue Häuser bauen, das Leben genießen, die Hochzeit der Kinder bezahlen oder neue Geräte für den Haushalt kaufen.

Die in der Landwirtschaft eingeführten Reformen sind nicht ohne Auswüchse geblieben. So gab es bereits Bauern, die für die Bestellung ihrer Äcker Landarbeiter anheuerten, während sie selbst sich Nebenbeschäftigungen widmeten oder sich in spekulativen Kauf- und Verkaufsgeschäften betätigten.
Privater Reichtum war in Maos China verpönt, doch daß er heute möglich ist, stößt auch nicht immer auf Verständnis. Chinesische Zeitungen berichten immer wieder über Klagen von zu Wohlstand gekommenen Bauern und Handwerker über Belästigungen und Übergriffe durch lokale Behörden, Nachbarn oder Parteifunktionäre. So berichtete die *China Daily* von einem Fall in der Provinz Hubei, wo das Brigademitglied Lu jene Einkommensgrenze sprengte, die man sich im landläufigen Sinn unter einem bäuerlichen Jahresverdienst vorstellt. Als Experte für Fischzucht übernahm Lu zu Beginn der 80er Jahre die Verantwortung für einen 22 Hektar großen Süßwasserteich der Brigade, wobei er sich vertraglich verpflichtete, eine bestimmte, nach früheren Erfahrungswerten bemessene Menge Fisch abzuliefern. Den Brigademitgliedern war zwar aufgefallen, daß unter dem neuen Vertragssystem Genosse Lu seine Fische mit großer Hingabe versorgte, doch als die Kom-

mune am Ende des Jahres Bilanz zog, trauten glieder ihren Augen nicht: Lu hatte nicht wenige Tonnen Fisch, vier Tonnen Fischbrut und 57 gramm Zuchtperlen abgeliefert. Damals entsprach umgerechnet einem Gesamtwert von 132000 Mark, wobei Lu 32000 Mark mehr umgesetzt hatte, als die Brigade aus ihrer gesamten restlichen Nebenproduktion das Jahr über verdient hatte. Gemäß dem Vertrag standen dem Kollektiv 32000 Mark Reingewinn zu, wogegen 100000 Mark Umsatz bei Lu verblieben.

Um die sozialistische Ordnung wiederherzustellen, machten Mitglieder der Kommune der neunköpfigen Familie von Lu ihre Aufwartung. Resultat des Besuches bei dem »Neureichen«: Ihm fehlten anschließend 50 Tonnen Baumaterialien für ein neues Wohnhaus, 1,8 Tonnen Dünger, vier seiner sechs Schweine sowie mehr als 8400 Mark in bar, die sich seine Besucher »ausgeliehen« hatten.

Auch wenn dieser Fall extrem sein mag, gibt er eine aufkommende Tendenz wieder: In weiser Voraussicht stellen manche wohlhabende Bauern der Dorfgemeinschaft einen Fernsehapparat zur Verfügung, bezahlen Ausbesserungsarbeiten an Gemeindehäusern oder betätigen sich in sonst irgendeiner Form wohltätig.

Gesellschaftliche Widersprüche durch die Einführung der »freien Marktwirtschaft« drohen in China aber auch von einer anderen Seite: Nicht mehr zwischen den verschiedenen Klassen gibt es Unterschiede, sondern zwischen der Stadt- und der Landbevölkerung. Denn gerade dort, wo freie Märkte sind, wo Käufer auf die Produkte vom Land angewiesen sind und dadurch das Einkommen der Bauern schneller wächst als der Verdienst

.er Stadtbewohner, gelten die Landwirte mittlerweile als »Reiche«. Und eben nach jenem Gesetz von Angebot und Nachfrage wurden in den letzten Jahren die Nahrungsmittel auf den freien Märkten immer teurer, was den Neid steigert und die sozialen Probleme verschärft.

Doch nicht nur die Gefahr, daß die sozialistische Gleichheit aus den Fugen zu geraten droht, hat bei einigen Parteifunktionären Chinas Unmut über die landwirtschaftliche Reformpolitik hervorgerufen, sondern zunehmend weisen Kritiker auch auf ein anderes Problem hin, das mit der Freiheit des Marktes verbunden ist. Wie in der Gemeinde Jien Long nahm überall in China, wo sich das Verantwortungsprinzip durchgesetzt hatte, die Zahl der Getreidefelder ab. Statt dessen wurden Gemüse angebaut und Fischteiche angelegt, die einen höheren Gewinn versprachen. Zwar lag mit einer Ernte von 400 Millionen Tonnen der Getreideertrag in China 1987 um zehn Millionen Tonnen über dem vergleichbaren Wert von 1986, doch die Rekordernte des Jahres 1984 (407,3 Millionen Tonnen) wurde bislang nicht mehr erreicht.
Der sich Jahr für Jahr verringernden Anbaufläche für Getreide steht aber eine stetig wachsende Bevölkerung gegenüber. Dadurch erhöht sich der Getreideverbrauch kontinuierlich, die Ernte aber lag in den letzten drei Jahren unter der staatlichen Planziffer. 1984 betrug der Pro-Kopf-Ertrag in China durchschnittlich 396 Kilogramm, 1987 dagegen nur 376 Kilogramm. Gleichzeitig nahm die Nachfrage nach Fleisch, Bier, Schnaps und anderen Getränken zu – Nahrungsmittel, die mehr oder weniger von der Getreideernte abhängen. Der Rückgang des Getrei-

deertrags führte wiederum zu einem Mangel an Viehfutter, was eine Preissteigerung bei Futtermitteln bewirkte. Als Ergebnis verringerte sich der Schweinebestand. Da die Nachfrage das Angebot überstieg, mußte Ende 1987 in vielen Städten Chinas das Schweinefleisch wieder rationiert werden.

Neben dem Verlust der Anbaufläche liegt eine der Hauptursachen für die Stagnation der Getreideproduktion im unrealistischen Preisunterschied zwischen Getreide und anderen Agrarprodukten. 1985 schaffte der Staat den zentralen An- und Verkauf von Agrar- und Nebenprodukten ab, worauf sich die Preise vieler dieser Produkte der Nachfrage entsprechend entwickelten. Der Preis für das Grundnahrungsmittel Getreide jedoch wurde nicht freigegeben. Die staatlichen Getreideankaufstellen kaufen dem Bauern nach wie vor eine vor der Getreideaussaat vertraglich bestimmte Getreidemenge zu einem Fixpreis ab. Für eine Ernte, die über den Vertrag hinaus produziert wurde, wird ein höherer Preis von der Ankaufstelle bezahlt. Doch er reicht nicht aus, um die Bauern zu motivieren. Der allgemein niedrige Vertragspreis hält sie davon ab, die Produktion zu steigern.

Mit Sorge beobachtet man daher im Landwirtschaftsministerium in Beijing die rückläufige Getreideproduktion. Seit Jahren macht auch der Politiker Chen Jun auf die kommenden Getreidelücken aufmerksam, und für ihn und seine Anhänger der Planwirtschaft ist diese Entwicklung Wasser auf den Mühlen der Kritik. Denn in zahlreichen Provinzen Chinas gehört zwar der Hunger der Vergangenheit an, doch die Beseitigung von Armut und Unterernährung ist nicht überall im Lande gelungen.

Betroffen davon ist durchschnittlich jeder zehnte Chinese oder, nach Angaben der chinesischen Regierung, etwa 100 Millionen Menschen. Bezogen auf die Landbevölkerung beträgt der Anteil etwa zwölf bis 14 Prozent.

Vor allem zwei Provinzen sind mit dem Problem der Unterernährung stark konfrontiert: Shandong, ein stark bevölkertes Gebiet nördlich von Shanghai, und das südlich angrenzende Anhui, beide mitten in China.
Während man in der Wüstenprovinz Gansu, wo für die Landwirtschaft alleine durch Klimaschwankungen große Probleme auftauchen, von Natur aus derartige Ernährungsengpässe erwartet, ist die Lage in Shandong und Anhui selbst für Experten der internationalen Hilfsorganisationen unberechenbar. Nicht so sehr Ressourcenmangel, sondern eine ungünstige Infrastruktur ist nach ihrer Ansicht für den Mangel an Lebensmitteln verantwortlich.
So ist die Provinz Shandong eine große Halbinsel, die im Osten vom Gelben Meer umspült wird. Nach Westen hin, in Richtung auf die Großstädte Beijing und Nangking, haben Berge den Bau von Straßen und Wegen und damit den Handelsfluß erschwert. In dieser unzugänglichen Gegend hat sich die Armut etabliert, da die allgemeine Entwicklung an den Menschen vorbeigegangen war und die Bevölkerung selbst kaum Initiative entfaltet hatte, auf den Zug des Fortschritts aufzuspringen, der in China bereits abgefahren war. Selbst die Eisenbahnlinie fährt um dieses zentrale Gebiet herum, und es gibt auch keine ernsthaften Anstrengungen, diese Gebiete an das Eisenbahnnetz anzuschließen.
Das Fehlen einer Infrastruktur und ähnliche Probleme

wie in Shandong haben auch die Provinz Anhui zu einem der Armenhäuser der Nation gemacht. Erschwerend wirkt sich hier, so berichten Entwicklungshelfer, das Wissensdefizit bei den Jugendlichen aus. Statt zur Schule – eine Schulpflicht besteht in China erst seit 1986 – werden die Kinder auf die Weide zum Viehhüten oder zum Wasserholen geschickt. In Anhui wie in Shandong ist die Gemeinschaftsstruktur völlig unterentwickelt, herrscht Subsistenzwirtschaft in der primitivsten Form mit Versorgungsmängeln bei Wasser zum menschlichen Verbrauch und für die Bewässerung der Felder. Die Familien laufen stundenlang, um den täglichen Bedarf herbeizutragen.
Dagegen gibt es in China Gebiete, wie die Provinzen Guangdong oder Jiangsu, die unmittelbar im Osten an Anhui und im Norden an Shandong angrenzen, wo Überschüsse auf den Weizenfeldern erzielt werden. Ein Ausgleich mit den ärmeren Provinzen findet jedoch aufgrund der schlechten Transportsituation nicht statt. So werden die Getreideüberschüsse von Heilongjiang im Nordosten Chinas nicht mit der Eisenbahn oder durch Lastwagen im Land verteilt, sondern auf Schiffe verladen und über den Seeweg in den Süden gebracht – in die wohlhabenden Küstengebiete, wo die Menschen aufgrund ihrer Verdienste in Industrie und Gewerbe in der Lage sind, für Getreide mehr zu bezahlen.

Wie sehr China am Ende des 20. Jahrhunderts noch ein Agrarland ist, in dem Natur und Umwelt Chancen bieten und mit Gewalt regieren, wird auf einer Fahrt mit dem Schiff flußabwärts von Chongqing auf dem Yangtze deutlich. Es dauert oft Stunden, bis Siedlungen am Ufer auftauchen, dazwischen schieben sich immer wieder die Felsen bis auf wenige Meter an das Boot heran. Wo sich zwischen Steinen etwas Humus angesammelt hat, ist vom Ufer bis zur Bergspitze nahezu jeder freie Quadratmeter Land für Gemüse- und Maisanbau genützt. Auch auf schwer zugänglichen Steilwänden erstrecken sich die Felder und Beete. Durchschnittlich alle 50 Kilometer macht der Fortschritt mit qualmenden Kaminen und rauchenden Schloten auf sich aufmerksam: Wegen der Nähe zum Fluß mit seinen billigen Transportmöglichkeiten haben sich zahlreiche Industriebetriebe an den Ufern niedergelassen, um chemischen Dünger herzustellen oder Eisen zu schmieden. In gelben und roten Strömen quellen schäumende Abwässer aus Rohren oder einfachen Löchern in den Fabrikmauern direkt in den Fluß, dem es nach mehreren Kilometern erst gelingt, die Spuren chemischer Einleitungen zu beseitigen.

Der Yangtze trägt diese Gifte durch das Herz Chinas. Mit 6900 Kilometern ist er der längste Fluß Asiens und nach dem Nil und dem Amazonas der drittlängste der Welt. Rund 700 Nebenflüsse münden in den Strom, der eine Fläche von rund 1,8 Millionen Quadratkilometern oder 20 Prozent der chinesischen Landfläche entwässert: Sein Abfluß beträgt über eine Trillion Kubikmeter pro Jahr. Von seinem Ursprung zwischen den Hochflächen Tibets aus hat er sich einen Weg durch die Berge von Yunnan und Guizhou gegraben, bevor er das Bekken von Sichuan erreicht. Östlich von Chongqing führt er durch enge Schluchten, wo auf einer Länge von 140 Kilometern mit über 158 Stromschnellen der Fluß so schmal wird, daß der Schiffsverkehr nur noch in eine Richtung möglich ist. Bei Yichang bricht er aus den Ber-

gen heraus und ergießt sich in eine fruchtbare Ebene, die bis nach Shanghai reicht. In dieser Tiefebene lebt rund ein Drittel der chinesischen Bevölkerung, von ihren Feldern kommen rund 40 Prozent des Getreides und ein Drittel der Baumwollproduktion.
Seit Beginn der chinesischen Zivilisation ist östlich von Yichang der Yangtze immer wieder über die Ufer getreten, was zu verheerenden Überschwemmungskatastrophen geführt hat. 1931 wurden über 50 Millionen Mu Landwirtschaftsfläche unter Wasser gesetzt und 30 Millionen Menschen obdachlos. Wuhan stand drei Monate lang unter Wasser, über 145000 Menschen ertranken in den Fluten. Zwischen 185 vor Christus und 1911 registrierten die Geschichtsschreiber insgesamt 200 Flutkatastrophen, bei denen der Yangtze bis zu 120000 Kubikmeter Wasser pro Sekunde über das Land spülte.
(Siehe zu diesem Kapitel den Bildteil in der Mitte des Buches.)

Kapitel 2:

Das weite Land

Nach der Sowjetunion und Kanada ist die Volksrepublik China mit 9,5 Millionen Quadratkilometern und einem Anteil von 6,5 Prozent der gesamten Landfläche das drittgrößte Land der Erde noch vor den Vereinigten Staaten von Amerika und Brasilien. Vom Pamirgebirge im Westen bis zur Küste des Chinesischen Meeres im Osten beträgt die Entfernung rund 5200 Kilometer, von der Grenze im Norden bis zu den Inseln im Süden mißt die Volksrepublik 5500 Kilometer. Bezogen auf die Landfläche ist China doppelt so groß wie Europa. Die Grenzen im Landesinneren sind insgesamt 22800 Kilometer lang, die Küste, ohne die 5000 Inseln, die zu China gehören, erstreckt sich über weitere 18000 Kilometer. Vom Tibetanischen Hochland mit den höchsten Bergen der Erde im Westen senkt sich das Relief in drei großen Stufen abwärts auf Meereshöhe im Osten. Damit ist die Hauptrichtung der Flüsse vorgegeben: In Richtung Sonnenaufgang strömend, haben sie sich seit Jahrtausenden einen Weg durch Gebirge und Schluchten gegraben und tiefer gelegene Ebenen mit Sand und Geröll aufgeschüttet, bevor sie in das Gelbe oder Ostchinesische Meer münden.

Im westlichen Hochgebirge, rund 4000 Meter über dem Meer, liegt in der Provinz Tibet das Qinghaiplateau mit dem noch tausend Meter höheren »Dach der Welt« in seiner Mitte, das sich die Mönche des Dalai Lama als

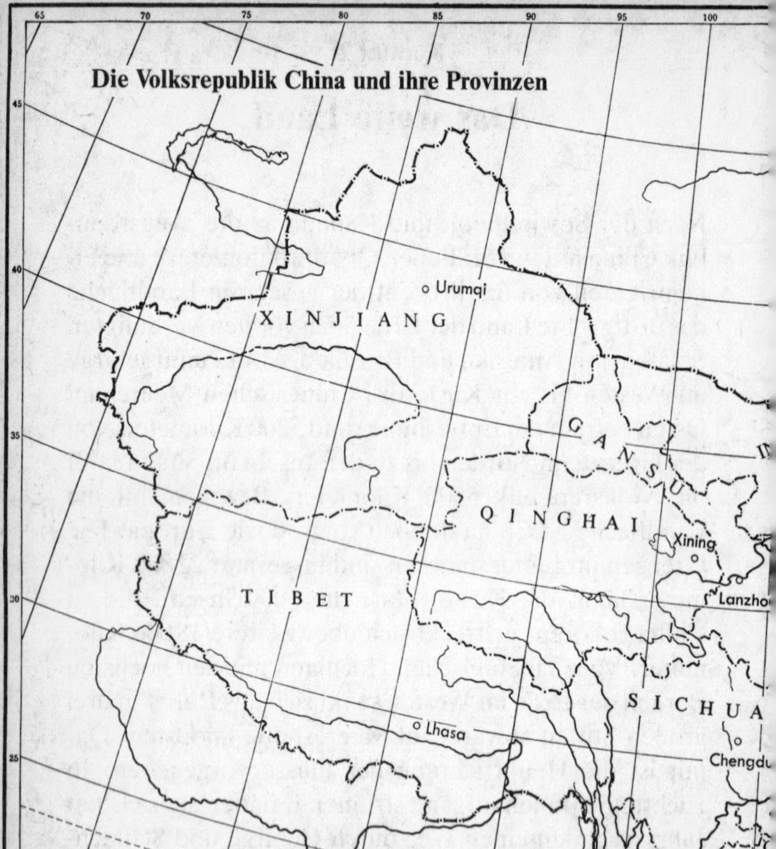

Die Volksrepublik China und ihre Provinzen
Urumqi
XINJIANG
GANSU
QINGHAI
Xining
Lanzho
TIBET
SICHUA
Lhasa
Chengdu
Kunming
YUNNAN
0 180 360 540 km.

HEILONGJIANG
Harbin
JILIN
Changchun
Shenyang
LIAONING
MONGOLEI
Hohhot
HEBEI
BEIJING
Tianjin
BOHAI-BUCHT
Shijiazhuang
Taiyuan
Jinan
SHANDONG
SHANXI
Xi'an
Zhengzhou
JIANGSU
ANXI
HENAN
ANHUI
HUBEI
Hefei
Nanjing
Shanghai
Wuhan
Hangzhou
OSTCHINESISCHES MEER
ZHEJIANG
Changsha
Nanchang
JIANGXI
HUNAN
Fuzhou
FUJIAN
TAIWAN
NGXI
GUANGDONG
Guangzhou
Hongkong
(britisch)
Macao
(portugiesisch)
SÜDCHINESISCHES MEER
Guangzhou
SÜDCHINESISCHES MEER
440 Km

Wohn- und Gebetsort ausgesucht haben. Im Norden stürzt dieser Gebirgsstock bei den Kunlun- und Qilianbergen und im Osten bei den Abhängen des Qionglai- und Daliangmassivs steil auf eine Höhe zwischen 1000 und 2000 Metern ab. Am Fuß dieser Hänge beginnt die zweite oder mittlere Stufe des topographischen Aufbaus der Landschaft mit verschiedenen Naturräumen: Nach Norden erstreckt sich die Mongolische Ebene, nach Nordosten das Lößplateau, im Osten fängt das Becken von Sichuan an, dem sich die Ebene mit den Provinzen Yunnan und Guizhou anschließt. Wie ein zum Teil mehrere tausend Kilometer breiter Ring umschließt diese zweite Stufe den Gebirgsstock von Tibet, bis an seinem östlichen Rand das Gelände wieder steil auf eine Höhe von 500 Metern abfällt und ein Hügelland den Übergang zu den Tiefebenen an der Ostküste Chinas bildet. Der Höhenunterschied zwischen dem Mount Everest im Westen, dem mit 8848 Meter höchsten Gipfel der Erdoberfläche, und den Seen Ay Ding oder Aidit Kul im Norden, die 154 Meter unter dem Meeresspiegel liegen, beträgt über 9000 Meter.
Insgesamt besteht ein Drittel der Landesfläche Chinas aus Gebirgen und Hochflächen, von denen ein Fünftel über 5000 Meter liegt.

Seit Jahrtausenden haben diese Topographie und die geologischen Bedingungen die gesellschaftliche Entwicklung des chinesischen Volkes beeinflußt, die Expansionsmöglichkeiten der Landwirtschaft bestimmt und die Kommunikation und den Handel der Menschen gefördert oder gehemmt.
Im Osten, wo die Böden fruchtbar und die klimatischen Bedingungen für die Landwirtschaft günstig sind, haben

sich die meisten Chinesen niedergelassen, während die langen Winter und kühlen Sommer im Hochland von Tibet oder die Wasserarmut in der Wüste Gobi wesentlich härtere Lebensbedingungen schaffen und nur einer begrenzten Zahl von Menschen die Existenz ermöglichen.

Aber auch dort, wo das Klima gemäßigt und die Böden fruchtbar sind, hat das Relief der Landschaft der politischen und militärischen Macht von Kaisern, Beamten und Soldaten natürliche Barrieren entgegengesetzt: Für die Dynastien des alten Chinas waren Flüsse, wie der Yangtze Kiang oder der Huanghe, oder steile Bergketten von der Natur geschaffene Grenzlinien, die das Land aufgeteilt hatten und nur schwer zu überwinden waren. So konnte sich im Becken von Sichuan, das von hohen Bergen schützend umschlossen wird, ein unabhängiges Königreich bilden und erhalten, das seine Macht auf die Bodenschätze und seine Unabhängigkeit auf die fruchtbaren Böden des Talraums stützte.

Gebirge

Berge, Hügel und Hochebenen bestimmen in der Volksrepublik China auch heute noch den Lebensraum für die Pflanzen- und Tierwelt und damit auch die natürlichen Existenzbedingungen für die Menschen. Diese Naturräume umfassen rund zwei Drittel der Gesamtfläche Chinas, werden aber nur von einem Drittel der Bevölkerung bewohnt. Aufgeschlüsselt nach ihrem Anteil nehmen Gebirge 33 Prozent, Hochebenen 26 Prozent, Hügel 10 Prozent, Ebenen 12 Prozent und Beckenlandschaften 19 Prozent der gesamten Landfläche Chinas ein. Die Mehrzahl der Höhenzüge verlaufen in West-Ost-Richtung und sind zugleich wichtige geographische Grenzen. Den größten Gebirgsblock stellt das Himalajagebirge im Südwesten mit einer Länge von insgesamt 2400 Kilometern von West nach Ost und einer Breite von 200 bis 300 Kilometern bis an die Grenzen von Pakistan, Indien, Nepal und Bhutan dar. Rund 10000 Quadratkilometer Gletscher bedecken die durchschnittlich 6000 Meter hohe Gebirgskette, in der 40 Gipfel eine Höhe von 7000 Metern überschreiten und 11 weitere die 8000-Meter-Grenze erreichen. Am Nordrand des Himalaja schließt sich parallel dazu die 2500 Kilometer lange Gipfelkette von Kunlun an, der gegenüber – getrennt durch die Wüsten des Tarimbeckens – sich das Gebirge von Tianshan erhebt. Dieser in seinem Inneren an Kohle, Salz und Metallen reiche Höhenzug teilt die Provinz Xinjiang in die zwei großen Beckenlandschaften Tarim und Junggar. Seine Nordhänge sind mit dichten Wäldern bewachsen, während die wärmere, aber auch trockenere Südseite mit Grasland überzogen ist.

Im Nordosten Chinas trennt, von der Inneren Mongolei ausgehend, nach Süden der Gebirgsstock von Hinggan die Ostküste von den nordwestlichen Regionen im Binnenland. Mit einer Höhe von durchschnittlich 1500 Metern über dem Meer und einer Länge von 1200 Kilometern in Nordost-Südwest-Richtung teilt der Höhenzug als Wasserscheide die Flüsse in Richtung Westen und Osten und verhindert, daß der weit aus dem Süden heranwehende Sommermonsum weiter nach Nordwesten vordringt. Der westliche Bereich der Gebirgskette ist trocken, während im Osten auf der Seite zum Meer feuchtes Klima einen dichten Waldbestand grünen läßt.

Die rund 1500 Kilometer lange Bergkette Qinling im Zentrum Chinas, die in den Provinzen Gansu und Qinghai beginnt und sich bis zur östlichen Provinz Henan erstreckt, spaltet das Land in eine subtropische und eine gemäßigte Zone. Die durchschnittlich 2000 bis 3000 Meter hohe Gebirgskette verhindert, daß meereswarme, feuchte Luftmassen während der Sommermonate weiter nach Nordwesten strömen und kalte Luftmassen aus dem Norden während der Wintermonate nach Süden weiterziehen. In den Provinzen Guangxi, Guangdong, Hunan und Jiangxi beherrschen die Berge von Nanling die Topographie der Landschaft. Tiefe, grüne und fruchtbare Täler, in denen in allen vier Jahreszeiten geerntet wird, durchziehen dieses südchinesische Bergland von Norden nach Süden. In den Provinzen Sichuan und Yunnan führen vereinzelt Wege über die Berghänge von Hengduan hinauf in das Hochland von Tibet. Die Chinesen haben in der Vergangenheit diesen 3000 bis 4000 Meter hohen Gebirgszug auch als »Barriere« bezeichnet, da seine nur schwer überwindbaren Höhenzüge für die in den Tälern lebenden Menschen eine Ost-West-Kommunikation nahezu unmöglich machten. In diesem Gebiet gibt es auch von Tal zu Tal klar abgegrenzte Vegetationszonen mit einem tropisch gemäßigten und einem kalten Klima.

Hochflächen

Ein Viertel der chinesischen Landfläche wird von Hochebenen gestaltet, die in der Regel auf der mittleren Stufe der drei Geländeebenen in der chinesischen Topographie liegen.

Eine Ausnahme jedoch ist das Hochland von Tibet, das mit einer Fläche von 2,3 Millionen Quadratkilometern in einer Höhe zwischen 4000 und 5000 Metern über dem Meer zu den höchsten Plateaus der Welt zählt. Aus kleinen Rinnsalen, die vom Schmelzwasser der umliegenden schneebedeckten Gipfel und Gletscher gespeist werden, entwickeln sich rasch große Flüsse: So haben beispielsweise der Mekong, der Brahmaputra sowie der Yangtze auf dem »Dach der Welt« ihren Ursprung.

Das Klima in Tibet ist äußerst unterschiedlich: Vom Ozean bläst der Monsun herauf und sorgt im südlichen Teil des Hochlands für ein warmes und feuchtes Klima, das Ackerbau ermöglicht. Der Norden dagegen ist kalt und trocken, und Schnee und Eis bedecken über sechs Monate im Jahr die Landschaft. Strenge Winter mit niedrigen Temperaturen bestimmen auch das Klima in der Hochebene der Inneren Mongolei, die sich von der Bergkette des Großen Hinggan im Nordosten Chinas bis zur Provinz Gansu im Westen auf einem 2000 Kilometer langen und durchschnittlich 500 Kilometer breiten Streifen ausdehnt. Die Sommermonate sind trokken, und in diesem semiariden Klima fallen im Osten durchschnittlich nur 300 Millimeter Regen pro Jahr und Quadratmeter. Der Niederschlag reicht für die Land- und Forstwirtschaft nicht aus, ermöglicht aber einen Graswuchs auf großen Flächen, der Nahrungsgrundlage für die großen Pferde-, Schaf- und Ziegenherden Nordchinas ist. Im Westen jedoch, wo die Regenmenge unter 200 Millimeter pro Jahr absinkt, beginnen die Wüsten mit wandernden Sanddünen das Land unter sich zu begraben.

Südlich der Inneren Mongolei erstreckt sich, von den Taihangbergen im Westen und dem Qinlingmassiv im

Süden eingefaßt, das Lößplateau Zentralchinas. Die gelbe Erde, die dieses 85 000 Quadratkilometer große Gebiet bedeckt, gab der Ebene ihren Namen. Diese drittgrößte Plateaulandschaft Chinas ist die fruchtbarste: Der Lößboden ist durchschnittlich 50 bis 100 Meter stark und erreicht im westlichen Teil der Provinz Gansu sogar eine Tiefe von rund 200 Metern. Die lehmigen Sande, reich an Nährelementen, sind nach einer Theorie chinesischer Wissenschaftler in einem Zeitraum von mehreren tausend Jahren von Norden her aus der Mongolei angeweht worden. Aufgrund von Funden weiß man heute, daß auf diesem Lößplateau bereits hundert Jahre vor Christus Landwirtschaft, Forstwirtschaft und Viehzucht betrieben wurde. Das weite Grasland mit üppigen Wäldern bot den Menschen damals ideale Voraussetzungen für einen wirtschaftlichen Aufstieg. Hier begann die Blütezeit der alten chinesischen Kulturen, so daß dieses Land als »Wiege der chinesischen Nation« gilt. Im Laufe der Jahrhunderte wurden jedoch die Weiden abgegrast und die Wälder abgeholzt, wodurch der größte Teil des Lößplateaus in eine karge und öde Berglandschaft verwandelt wurde. Heute bedeckt nur eine spärliche Pflanzendecke den Lößboden, der sich dadurch in einem lockeren und brüchigen Zustand befindet: Die häufigen Regenfälle während der Sommermonate sowie die trockenen anderen Jahreszeiten haben zu ernsten Erosionsproblemen und zum Rückgang der Bodenfruchtbarkeit geführt. Von Wassermangel und Bodenerosion ist gegenwärtig auf dem Plateau ein Gebiet von 430 000 Quadratkilometern oder 74 Prozent der Gesamtfläche betroffen. Felsspalten treten bereits zutage, und der Mangel an Feuchtigkeit läßt den Boden aufspringen.

Das gestörte ökologische Gleichgewicht behindert die landwirtschaftliche Produktion. Insgesamt führt die Bodenerosion dazu, daß von dem Lößplateau jährlich 1,6 Milliarden Tonnen Sand und Schlamm in den Huanghe, den »Gelben Fluß«, gewaschen werden, wovon sich 400 Millionen Tonnen am langsam strömenden Unterlauf wieder ablagern und das Flußbett jährlich um zehn Zentimeter erhöhen. Das hat mittlerweile dazu geführt, daß an einigen Stellen der Flußlauf fünf bis sieben Meter, teilweise sogar zehn Meter höher als das Umland auf beiden Seiten des Flußdammes ist und es bei Hochwasser regelmäßig zu Überschwemmungen kommt.

Über Jahrtausende hinweg hat die Kraft des Wassers aus der Hochebene von Yunnan/Guizhou, zu der der Ostteil Yunnan sowie die Provinzen Guizhon und Guangxi gehören, das für Südchina typische Landschaftsbild mit zahlreichen tiefen Cañons und steilen Felstürmen geschliffen. Die 3000 Meter tiefe Schlucht des Hutiaojian mit dem Fluß Jinsha ist einer der tiefsten Cañons der Welt. In den Schluchten des Wujiang ragen an den Seiten steil die Felswände 300 bis 500 Meter hoch. Zwischen diesen Schluchten und Bergen erstrekken sich immer wieder weite Talbecken, deren fruchtbare Böden hohe Ernten garantieren und zu einer dichten Besiedelung geführt haben.

Becken

Große, weiträumige Beckenlandschaften mit einer Fläche von mehreren hunderttausend Quadratkilometern erstrecken sich vor allem im Westen Chinas, während

kleinere Täler vor allem im Osten für ein abwechslungsreiches Landschaftsbild sorgen.
Mit 530000 Quadratkilometern ist das Tarimbecken in der Provinz Xinjiang das größte Chinas. Von Westen nach Osten mißt es 1500 Kilometer, von Norden nach Süden 400 bis 500 Kilometer und gehört zum Zentrum des asiatischen Kontinents. Umringt von Bergen, vom Pamirgebirge im Westen, der Kunlunkette im Süden und dem Altunhöhenzug im Osten, prägen Salzseen, Oasen und vor allem eine 327000 Quadratkilometer große Wüste das Landschaftsbild. Bereits an den Rändern des Tarimbeckens versiegen die meisten Flüsse, die von den schneebedeckten Bergen ringsum herabfließen, im Sand. Die einzigen fruchtbaren Orte sind Oasen. Sie beziehen ihr Wasser aus dem Untergrund und leiten es über Kanäle auf Mais-, Weizen- und Baumwollfelder weiter.
Zur Provinz Xinjiang gehört ferner das 380000 Quadratkilometer große Junggarbecken im Norden. Von Nordwesten strömt feuchte Luft in das Tal und ermöglicht vereinzelt das Wachstum einer dünnen Grasschicht auf dem Wüstensand. Als »Feueroase« bezeichnen die Chinesen die 50000 Quadratkilometer große Senke von Turpan. Umgeben von 1500 bis 5400 Meter hohen Bergen, ist die Mulde zugleich der tiefste Punkt Chinas: Sie liegt 154 Meter unter dem Meeresspiegel. Im Talkessel, in dem pro Jahr durchschnittlich nur 25 Millimeter Niederschlag fallen, steigt die Hitze sehr schnell an und sinkt auch nachts nur langsam ab. Spitzentemperaturen von 75 Grad Celsius werden erreicht, im Durchschnitt ist es 30 bis 47 Grad heiß. Donner und Blitze täuschen häufig ein Gewitter vor, doch der Regen bleibt aus: Das Wasser verdampft, bevor es den Boden erreicht. Trotz

der klimatischen Extreme wohnen hier Menschen: Das Schmelzwasser der umliegenden schneebedeckten Berge füllt in jedem Frühjahr die Reserven im Untergrund auf, was den Anbau von Weizen und Baumwolle ermöglicht.
Wandernde Sanddünen und Seen, Oasen, Grasland und von der Landwirtschaft intensiv genutzte Parzellen, Sümpfe und über 100 Salzseen – der größte birgt einen Vorrat von 25 Millionen Tonnen Salz – bedecken das von Bergen umschlossene Becken von Qaidam in der Provinz Qinghai.
Im Gegensatz dazu ist das 200000 Quadratkilometer große »Rote Becken« in der Provinz Sichuan äußerst einheitlich: Benannt nach der Farbe der fruchtbaren roten Erde, ist diese Landschaft eine Getreide- und Gemüsekammer Chinas. Geschützt von Bergen, ermöglichen milde Winter, lange Sommer sowie regenreiche Herbstmonate vier Ernten pro Jahr.

Ebenen

Die Tiefebenen im Osten Chinas, die sich an der Küste entlang vom Norden bis zum Süden ziehen, nehmen rund 1,12 Millionen Quadratkilometer oder etwa 10 Prozent der gesamten Landfläche Chinas ein. Hier leben die meisten Menschen: Fruchtbare Böden, ein mildes Klima und das Fehlen von natürlichen Barrieren wie Bergketten und Wüsten haben hier die idealen Voraussetzungen für Landwirtschaft und Industrie geschaffen.
Im Nordwesten, zwischen dem Gebirgszug des Großen Hinggan und der Bergkette von Changbai erstreckt sich

die größte Tiefebene Chinas mit einer Fläche von 350000 Quadratkilometern. Die Böden aus Schwarzerde sind ideal für den Anbau von Sojabohnen, Sorghum, Weizen, Flachs und Reis. Die Sommer sind heiß und trocken, die Frostperioden während der Wintermonate lang. Durch die Vorkommen von Kohle und Eisen haben sich zahlreiche Industriezentren gebildet.
Weiter südlich, zwischen den Taihangbergen und dem Gelben Meer erstreckt sich im Einzugsbereich des Flusses Huanghe auf einer Fläche von 300000 Quadratkilometern die wichtigste landwirtschaftliche Produktionsfläche Chinas. Das Gebiet gehört zu den Provinzen Hebei mit der Hauptstadt Beijing, Shandong, Henan, Anhui und Jiangsu. Der jährliche Niederschlag von 600 Millimetern pro Quadratmeter ermöglicht den Anbau von Weizen, Mais, Baumwolle, Gemüse und Tabak.
Fruchtbare Böden, ausreichender Regen und ein subtropisches Klima mit heißen Sommern charakterisieren die dritte große Tiefebene Chinas, den 200000 Quadratkilometer großen Einzugsbereich des Yangtze vor seiner Mündung in das Ostchinesische Meer. Zahlreiche Flüsse und Seen haben zusammen mit der intensiven Landwirtschaft dieser Ebene den Beinamen »Fisch- und Reisland« eingebracht.

Wüsten

Fast genauso groß wie die fruchtbaren Tiefebenen sind in China die Wüsten: Rund 1095 Millionen Quadratkilometer oder 11,4 Prozent der gesamten Landfläche sind öde und trocken und für eine intensive landwirtschaftliche Nutzung nicht geeignet. 637000 Quadrat-

kilometer bedecken Sand, 458000 Quadratkilometer sind von Steinwüsten verschüttet. Ein Großteil dieser Einöden liegt in den nordchinesischen Provinzen Xinjiang, Qinghai, Gansu, Shaanxi sowie in der Inneren Mongolei.
Die größte Dürrezone in China mit höchster Trockenheit, geringem Niederschlag, einer intensiven Sonneneinstrahlung, einem extremen Wechsel der Temperaturen von Tag und Nacht und ungeschützt vor dem Wind ist die Tarimwüste in Xinjiang. Der tausend Kilometer lange und 400 Kilometer breite Wüstenstreifen in West-Ost-Richtung bedeckt insgesamt eine Fläche von 327000 Quadratkilometern. 85 Prozent davon sind von wandernden, im Durchschnitt 150 Meter hohen Sanddünen bedeckt.
Weniger trocken dagegen ist die Gurbantunggut- oder Junggarwüste im Nordteil von Xinjiang: Zwar fallen durchschnittlich pro Jahr 70 bis 150 Millimeter Regen pro Quadratmeter, doch Wanderdünen auf 97 Prozent der Fläche schütten sofort alles sprießende Grün wieder zu.
Die drittgrößte Sandfläche Chinas, die 47100 Quadratkilometer große Badinjaranwüste, liegt in der Inneren Mongolei. Der Wind treibt hier bis zu 500 Meter hohe Sanddünen vor sich her, die rund 83 Prozent der Region bedecken. Das Wasser der 144 Seen in diesem Gebiet ist für Mensch und Tier aufgrund des hohen Salzgehaltes ungenießbar.

Die geographische Lage im Südosten des eurasischen Kontinents und auch an der Westküste des Pazifischen Ozeans hat in der Volksrepublik China klimatische Bedingungen geschaffen, die weltweit einzigartig sind: Wie in keinem anderen Land der Erde beherrschen Monsunwinde, die aufgrund der Temperaturunterschiede zwischen dem größten Kontinent und dem größten Meer entstehen, den Naturraum Chinas. Die meisten Regionen des Landes haben zwar ein kontinentales Klima mit einem konstanten täglichen und jährlichen Temperaturniveau, doch der Monsun stört häufig und überraschend in den weiten Ostgebieten den Verlauf der Jahreszeiten. Normalerweise charakterisiert das kontinentale Klima ein kalter und trockener Winter sowie ein warmer und feuchter Sommer. Vergleicht man jedoch die Situation in China mit anderen Orten der Welt, die auf dem gleichen Breitengrad liegen, so ist es in einigen Teilen des Landes im Winter deutlich kälter und im Sommer wesentlich heißer.
Verantwortlich für diese Extreme sind die Temperaturunterschiede der Luft über dem Festland und über dem Meer. Im Winter ist der Ozean wärmer als der Kontinent, so daß von Norden kalte Luftmassen aus Sibirien und der Mongolei mit hohem Druck über China einströmen können und bis zum südlichen Teil des Landes vordringen. Diesen winterlichen Monsunwinden fehlt Feuchtigkeit, und für die Dauer von durchschnittlich Ende September bis Anfang April wird es daher in China kalt und trocken. In mehreren Kältewellen, die Windstärken von fünf bis sieben mit sich bringen, ziehen die Luftmassen über China hinweg. Kein Bergrük-

ken, mit Ausnahme des Himalajamassivs, vermag den eisigen Luftstrom zu stoppen, der bis in die letzten Winkel der Täler vordringt.
So fallen in der Provinz Heilongjiang die Thermometer im Januar durchschnittlich auf minus 27,7 Grad Celsius, während in London, das auf dem gleichen Breitengrad liegt, plus vier Grad Celsius gemessen werden.
Im Sommer ist es umgekehrt: Die Luft über dem Kontinent ist wärmer als über dem Meer und damit auch der Luftdruck geringer. Vom Ozean aus beginnt der Sommermonsun auf das Festland zu blasen. Während der Monsun aus dem Südosten seinen Ursprung im Pazifik hat und die östliche Hälfte von China beeinflußt, bildet sich der Monsun, der die südwestlichen Regionen Chinas erreicht, über dem Indischen Ozean. Beide Winde bringen reichlich Regen mit sich, so daß über dem Festland der größte Teil der Niederschlagsmenge vor allem in den Monaten zwischen Mai und September fällt. Die ersten sommerlichen Monsunwinde erreichen die Südostküste zwischen April und Mai und schieben sich von dort aus in mehreren Etappen bis zum Tal des Yangtze vor, das sie im Juni mit Sprühregen erreichen. Zwischen Juli und August zieht der Sommermonsun weiter nördlich bis Yunnan und Tibet. In dieser Zeit liegen die Temperaturen wieder über dem Durchschnitt des kontinentalen Klimas: In Heilongjiang werden durchschnittlich im Juli 20 Grad Celsius gemessen, während in London nur 17 Grad registriert werden. Spätestens Anfang Oktober, nach insgesamt vier Monaten, beginnen dann kältere Luftmassen aus dem Norden, den Sommermonsun wieder auf das Meer zurückzudrängen.

Wie der Sommermonsun von den Küsten im Süden nordwärts in das Landesinnere zieht, so verteilt sich auch in die gleiche Richtung die jährliche Regenmenge: Je weiter der Monsun in Richtung Nordwesten und in das Landesinnere zieht, um so stärker nimmt der Niederschlag ab. Wenn man eine Grenzlinie mit einer Regenmenge von 400 Millimetern pro Jahr zieht, kann China in zwei Hälften geteilt werden. Diese Grenze beginnt im Nordwesten bei den Kunlunbergen, zieht sich bis zur Lößebene, um von dort aus nordostwärts das Hinggangebirge zu erreichen. Südöstlich dieser Linie beherrschen Monsunwinde aus Ostasien das Land und sorgen für eine ausreichende Feuchtigkeit in der Landwirtschaft, während im Westen dieser Niederschlagsgrenze die trockene Zone Zentralasiens beginnt.
1958 unterteilten Wissenschaftler der Chinesischen Akademie der Wissenschaften dieses grobe Raster, das Niederschlagsmengen von 2000 Millimetern pro Jahr und Quadratmeter im Südosten bis nur 3,9 Millimeter Niederschlag in der Wüste von Turpan im östlichen Teil der Provinz Xinjiang umfaßt, in vier Bereiche: In einer humiden (feuchten) Zone, zu der 32,2 Prozent der gesamten Landfläche Chinas gehören, fallen über 750 Millimeter Niederschlag pro Jahr, und die natürliche Vegetation ist der Wald. In der semihumiden (halbfeuchten) Region fallen durchschnittlich pro Jahr 400 bis 750 Millimeter Regen auf 14,5 Prozent der Landoberfläche Chinas, und in der natürlichen Vegetation wechseln sich Forst und Grasland ab. In der halbtrockenen (semiariden) Zone, zu der 21,7 Prozent der Landfläche gehören, fallen jährlich nur 200 bis 400 Millimeter Regen, und die natürliche Vegetation ist die Steppe. Die aride Zone umfaßt 30,8 Prozent der Fläche Chinas, und hier

gehen weniger als 200 Millimeter Regen pro Jahr nieder. Diese Gebiete sind Wüsten und Steppen, denn die Niederschlagsmenge reicht für das Wachstum einer Vegetation nicht aus.

Wie die Monsunwinde die Jahreszeiten bestimmen, so hat das Klima bei der Entstehung und Entwicklung der natürlichen Landschaftsräume eine entscheidende Rolle gespielt. Von Norden nach Süden kann Ostchina in ein Kaltgebiet, in gemäßigte, mäßig warme, subtropische und tropische Zonen aufgeteilt werden. Entsprechend den Bedingungen in diesen einzelnen Klimainseln lassen sich auch Boden und Vegetation in einzelne Regionen trennen. Im Südosten des Festlandes finden sich aufgrund der Niederschlagsbedingungen, für die der Monsun verantwortlich ist, nahezu ideale Bedingungen für das Wachstum von Wäldern, während im Nordwesten der Niederschlag so gering ist, daß er nicht einmal einen Graswuchs hervorbringt und sich so Steppen und Wüsten ausdehnen können. Im Nordosten schafft der Monsun dagegen während der Sommermonate mit seinen hohen Temperaturen und Niederschlagsmengen ideale Voraussetzungen für die landwirtschaftliche Produktion. Die Ebenen im Osten sind daher ideal für den Anbau von Reis, Weizen und Baumwolle. Wie groß die Unterschiede in den einzelnen Zonen sind, wird durch die Wachstumsperioden deutlich: So braucht in der nordöstlichen Provinz Heilongjiang der Reis zwischen 100 und 130 Tage, etwas südlicher 150 bis 170 Tage, in Nordchina durchschnittlich 160 bis 220 Tage, im Becken des Yangtze 200 bis 260 Tage und mehr als 260 Tage im Süden, wo die tägliche Sonneneinstrahlung verhältnismäßig kurz ist. Im Norden scheint dagegen die Sonne länger und schafft ideale Voraussetzungen für die Photosynthese der Pflanzen, was sich hier auch in größeren Ernteerträgen gegenüber dem Süden niederschlägt. Im Südosten können tropische Früchte geerntet werden, während im Nordwesten aufgrund der klimatischen Bedingungen nur Grasland zu finden ist, auf dem große Herden weiden.

Doch neben den günstigen Bedingungen bringt das Klima auch unkalkulierbare Risiken für die Landwirtschaft mit sich. Außer mit der ungleichen Verteilung der Niederschläge in einzelnen Regionen müssen die Bauern immer wieder mit Schwankungen im Verlauf rechnen: Unterschiede können von Jahr zu Jahr auftreten, aber auch von Jahreszeit zu Jahreszeit. Frühjahrstrockenheit kommt besonders häufig im Norden vor, wie auch Temperaturspitzen, die immer wieder begleitet werden von heftigen Regenschauern, Überschwemmungen und Sommerdürren. Auch im Südwesten werden häufig im Frühjahr Dürrezeiten beobachtet, die zu nicht unerheblichen Ernteverlusten führen können. Von Wind- und Regenstürmen sind die Küstengebiete vor allem im Südosten betroffen, und im Sommer und Herbst bedrohen Taifune Land und Leute. Sie haben in den letzten 30 Jahren China häufiger heimgesucht als andere Länder. Insgesamt wurden in dieser Zeit 858 Stürme gezählt – durchschnittlich sieben pro Jahr –, die in einem 100 Kilometer breiten Streifen an der Küste gewütet und dabei innerhalb weniger Stunden große Schäden angerichtet haben. Einige dieser Stürme tobten aber auch ein bis zwei Tage lang und drangen dabei bis zu 400 Kilometer in das Landesinnere vor.

Nach den Statistiken hat China über 50000 Flüsse, die auf einer Länge von 226800 Kilometern das Land durchziehen und dabei mehr als 2600000 Kubikmeter Wasser mit sich führen. Ihr Einzugsgebiet ist unterschiedlich groß: Bei den meisten erreicht es rund 100 Quadratkilometer, rund 1600 Flüsse entwässern ein Land von 1000 Quadratkilometern Größe und rund 80 Flüsse ein Gebiet von über 10000 Quadratkilometern Größe. Doch nicht alle Wasserläufe münden in das Meer. 36 Prozent der gesamten Landfläche, vor allem im Nordwesten Chinas, werden von Wasseradern durchzogen, die in Inlandseen münden oder in Wüsten und Salzmarschen versiegen. Aus einem Einzugsgebiet von 64 Prozent der Landfläche leitet der Hauptteil der Flüsse Chinas vor allem überschüssiges Oberflächenwasser in Richtung Meer ab: in den Indischen, in den Pazifischen und in den Arktischen Ozean.

Die Gestalt, Häufigkeit und Abflußmenge der Wasserläufe wurden in der Vergangenheit vom Klima und dem topographischen Untergrund bestimmt. Heute sind es menschliche Aktivitäten, die dem Lauf der Gewässer eine neue Richtung geben. Flüsse, die von Tal zu Tal sich in Dynamik und Charakter unterscheiden, haben im Laufe der Jahrtausende jeweils typische Landschaftsbilder in die Erdoberfläche gegraben.
Allgemein läßt sich über die chinesischen Flüsse sagen, daß sie reich an Wassermengen und Wasserkraft sind, aber ihre Verteilung sich von einem Gebiet zum anderen oft extrem unterscheidet. Auf den Einfluß des Monsuns ist es auch zurückzuführen, daß die Wassermengen

von Jahreszeit zu Jahreszeit und von Jahr zu Jahr schwanken und damit auch die Erosion des Bodens in unterschiedlicher Stärke gefördert wird. Nach der Sowjetunion und Brasilien liegt China mit 2600000 Kubikmetern an dritter Stelle der weltweiten Abflußbilanz. Mit 96 Prozent strömt der Hauptteil in die Meere ab, vor allem in den Pazifik, während nur vier Prozent Inlandseen oder Sümpfe auffüllen. Der Vergleich der Abflußbilanzen von Flüssen im Norden und im Süden macht deutlich, daß es in China Unterschiede gibt, die vor allem für die Landwirtschaft von großer Bedeutung sind: 75 Prozent der abfließenden Wassermassen werden in Südchina registriert, wo nur 38 Prozent der Landfläche kultiviert sind, während in Nordchina, wo Äcker und Felder 50 Prozent des Bodens ausmachen, die Flüsse nur einen Anteil von 13,8 Prozent an der gesamten Abflußbilanz haben. Was im Süden Chinas zuviel an Wasser vorhanden ist, fehlt im Norden, wo die Landwirtschaft intensiver ist.

Dieses Ungleichgewicht in der Wasserbilanz wird verstärkt durch eine unterschiedliche Verteilung der Niederschläge. Nach statistischem Durchschnitt beträgt der jährliche Niederschlag auf Gesamtchina 6032000 Kubikmeter Wasser, was einer Niederschlagshöhe von 630 Millimetern pro Quadratmeter entspricht. Mit den Flüssen werden jährlich 2600000 Kubikmeter, was einer Niederschlagsmenge von 270 Millimetern entspricht, wieder aus dem Land fortgeschwemmt. Das sind 43 Prozent der jährlichen Niederschläge, die abgeleitet werden, während 3432000 Kubikmeter, was einer Niederschlagsmenge von 360 Millimetern entspricht, verdunsten.

Bereits diese allgemeine statistische Bilanz zeigt das Kernproblem der chinesischen Landwirtschaft auf: Wassermangel. Doch die Unterschiede variieren von Landesteil zu Landesteil noch stärker. So verhält sich am Unterlauf des Yangtze die Abflußrate zur Verdunstungsrate 1:1, und weiter südlich, vor allem in den Bergen, nimmt die Abflußrate noch drastischer zu. Nördlich des Yangtze ist der Anteil des Wassers, der in der Luft verdunstet, größer als der des Abflusses, und noch weiter nördlich der »Großen Mauer« und westlich der Berge von Helan steigt die Verdunstungsrate drastisch an bis zur Wüste Tarim, wo der Abfluß gleich Null ist und aller Niederschlag verdunstet.

Bedingt durch den großen Einfluß des ostasiatischen Monsunklimas wechseln Wassermenge und Wasserstand in den Flüssen von Jahreszeit zu Jahreszeit extrem. Entlang der südchinesischen Küste und in der nordchinesischen Ebene treten nach jedem Regen die Flüsse über ihre Ufer, die häufig binnen weniger Stunden 80 bis 90 Prozent des Niederschlags aufnehmen und abführen. Südlich des Yangtze Kiang sind es 70 bis 80 Prozent und in der Inneren Mongolei über 80 Prozent der Niederschläge, die über die Täler wieder abfließen. Allgemein gilt für China, daß im Nordosten 50 bis 60 Prozent, im Südwesten 60 bis 70 Prozent, 40 Prozent im nördlichen Tibet und nur fünf bis 25 Prozent in den Trockengebieten Nordwestchinas nicht im Boden versickern, sondern rasch wieder abfließen. Damit besteht ein enger Zusammenhang zwischen Regen und Überschwemmungen, die vor allem zwischen Mai und Oktober das Land heimsuchen; in jener Zeit, in der auch der Monsun die meisten Niederschläge mit sich bringt.

Niedrigwasser gibt es dagegen zwischen Januar und Februar und damit zu einer Jahreszeit, wo aus dem Norden kalte und vor allem trockene Monsunwinde über das Land hinwegziehen.

Gletscher und die Bereiche des »ewigen Schnees«, vor allem am Himalaja im nördlichen Tibet sowie in Nordwest- und Nordostchina, bedecken eine Fläche von 44000 Quadratkilometern und stellen eine Reserve von 2,3 Billionen Kubikmetern Wasser dar. Ab dem Frühjahr rinnt Schmelzwasser in die Täler, dessen Anteil am Gesamtvolumen der Flüsse in Nordchina zehn bis 15 Prozent beträgt, das den Abfluß aus der nördlichen Hochebene Tibets aber zu 60 Prozent speist. Doch Hochwasser, das alleine durch die Schneeschmelze hervorgerufen wird, ist äußerst selten. Mit zunehmenden Temperaturen steigt zwar langsam auch der Wasserstand, doch der Temperaturwechsel zwischen Tag und Nacht fördert eher einen gleichmäßigen Abfluß als Spitzen. In den Sommermonaten jedoch, wenn der Monsun Regenstürme in das Land bringt, steigen die Pegel der Flüsse kurzfristig stark an, und die Gefahr der Überschwemmungen nimmt zu. Auf diese Weise hatten viele chinesische Hochwasserkatastrophen ihren Ursprung bereits in den hohen Bergen Nordwestchinas, wenn dort beide Faktoren, Schneeschmelze und Regen, aufeinandertrafen. Dann hängt es von der Größe des Flußbettes ab, ob die Wassermassen über die Ufer treten. Während kleinere Bäche schnell anschwellen und ebenso rasch wieder auf ihren ursprünglichen Pegelstand zurückfallen, steigt der Wasserstand in den großen Strömen Südchinas nur langsam, aber kontinuierlich an, und es dauert länger, bis die Hochwasserperiode wieder zu Ende geht.

Neben den Flüssen überziehen zahlreiche Seen mit einer Gesamtfläche von 80000 Quadratkilometern das chinesische Festland. Sie sind gleichmäßig verteilt, von den warmen und feuchten Regionen im Süden bis hin zu den kalten und höchsten Regionen im Westen. Nördlich einer Linie, die vom Südfuß des Hinggangebirgsstocks im Nordosten Chinas über das Qilianmassiv in Zentralchina bis hin zu den Gangdisebergen im Himalaja reicht, ist das Wasser in den Seen salzhaltig, während südöstlich dieser Linie Süßwasser Senken und Mulden füllt. Diese Binnenseen nehmen eine Fläche von 36000 Quadratkilometern ein. Die Salzseen mit 44000 Quadratkilometern Gesamtfläche haben einen Anteil von 55 Prozent an den stehenden Binnengewässern. Alleine im Qaidambecken in der Inneren Mongolei gibt es über 100 Salzseen mit einer Fläche von insgesamt 8500 Quadratkilometern, die unter ihrer Oberfläche eine Reserve von 100 Millionen Tonnen Salz bergen.

Seit Tausenden von Jahren haben die Einwohner Chinas versucht, die Auswirkungen der teilweise ungünstigen und kaum kalkulierbaren Bedingungen des Klimas und der Niederschläge auszugleichen. Seit Jahrhunderten durchziehen künstliche Kanäle trockene Gebiete, und Seen werden angelegt, um für Dürrezeiten Wasser bereitzuhalten. So sind in diesem Jahrhundert mehr als 2000 künstliche Stauseen geschaffen worden, um Wasser zu speichern, und nahezu 160000 Kilometer Fluß- und Küstendeiche sind aufgeschüttet worden, um das Land gegen Überschwemmung und Dürre gleichermaßen zu schützen.

Unterschiedliche Niederschlagsmengen haben in geophysikalisch voneinander abweichenden Regionen wechselnde Natur- und Landschaftsräume geschaffen. Das Element des Lebens ist in allen gleichermaßen das Wasser: Dort, wo der Niederschlag unter zehn Millimeter pro Jahr fällt, sind Wüsten; in Gegenden mit Niederschlägen zwischen 50 und 200 Millimetern erstrecken sich weite Grassteppen; in Regionen mit Niederschlagsmengen zwischen 200 und 600 Millimetern wächst die Vegetation von Büschen zu Bäumen heran; bei Regenfällen zwischen 600 und 1000 Millimetern beginnt die subtropische Zone; über 1000 Millimeter Niederschlag pro Jahr benötigen die tropischen Regenwälder und die grünen Bergwälder.

Regen und Erde sind die wichtigsten Voraussetzungen für die Vegetation. Beeinflußt von Wasser, Wärme und anderen geophysikalischen Faktoren, wie Sonneneinstrahlung und Photosyntheserate, hat sich im Laufe der Evolution zwischen der Vegetation und dem Boden, auf dem sie wächst, eine enge Beziehung gebildet. Diese ist Grundlage für ein System, nach dem sich die Vegetation einheitlich über die ganze Erdoberfläche ausgebreitet hat, doch von Ort zu Ort unterschiedliche Erscheinungsformen zeigt.

So ist China eines jener Länder der Welt, das eine unglaubliche Zahl von Pflanzenarten und Bodenzusammensetzungen aufweist. Botaniker haben über 353 Familien, das sind 56,9 Prozent aller Pflanzenfamilien auf der Erde, 3184 Gattungen (24,5 Prozent) sowie 27 150 Arten (11,4 Prozent) dokumentiert. Alleine in der Provinz Yunnan wachsen 1200 verschiedene Baumarten, doppelt so viele wie in Europa.

Für den Reichtum Chinas an Vegetationsarten und Bodenzusammensetzungen sind zahlreiche Faktoren verantwortlich. Die Klimabedingungen spielen dabei die Hauptrolle, während die Topographie die Verfügbarkeit von Grundwasser und die Temperaturen beeinflußt. Insgesamt ist die Vegetation in China komplex, auch von Tal zu Tal häufig unterschiedlich. Insgesamt werden 29 Haupttypen der natürlichen Vegetation unterschieden, 52 davon weiterentwickelte Unterarten und gut über 600 lokale Ausprägungen.
Zu den Hauptvegetationsarten gehört der Koniferenwald, der über weite Gebiete in den gemäßigten, subtropischen und tropischen Bergregionen anzutreffen ist.
Mischwälder mit Nadel- und Brotbäumen kommen meist in höheren Lagen an den Osthängen der Gebirge im Nordosten Chinas und in den subtropischen Gebirgsregionen vor.
Wälder mit Brotbäumen trifft man meist in feuchtwarmen, subtropischen und tropischen Bergzonen und entlang von Flüssen in den trockenen Gebieten Nordwestchinas an.
Büsche beherrschen das Landschaftsbild in den alpinen, kalten Regionen im Norden und Nordwesten des Landes sowie in den trockenen heißen Tälern im Südwesten.
Grasland, das von Baumgruppen und Buschinseln aufgelockert wird, gestaltet vor allem im Norden Chinas den Naturraum, der großen Herden als Weidegrund dient.

In den trockenen und heißeren Tälern des Südwestens dehnt sich die Savanne aus, während in den Sand- und Steinwüsten des Nordwestens Büsche und Bäume nur dort anzutreffen sind, wo ihre Wurzeln das Grundwasser erreichen.
In einer Höhe von über 2100 bis 3000 Metern im kälteren Nordosten dehnen sich weite Tundraflächen aus, und vereinzelt wagen sich, wie in Tibet, Pflanzen des alpinen Bereichs auf Höhen bis zu 5500 Metern vor. Saftige Wiesen mit kräftigen Kräutern wachsen dagegen nur in tiefen Lagen, wo das Grundwasser nahe an die Erdoberfläche heranreicht.
Sümpfe sind vor allem in den Flußtälern dort anzutreffen, wo das Gefälle von Flüssen und Bächen gering ist und eine dichte Bodenschicht einen weiteren Abfluß verhindert.

Landnutzung

Harte und teilweise extreme Umweltbedingungen haben in China der Entwicklung der Landwirtschaft wenig Spielraum gelassen. Mit der Zunahme der Bevölkerung im Lauf der letzten Jahrhunderte haben sich auch die Landwirtschaftsflächen ausgedehnt. Bauern verwandelten mit dem Pflug Grasland in Ackerland; wo der Boden sichere Ernten versprach, wurden die Wälder gefällt.
Mehrmals in seiner Geschichte erhielt so das Lößplateau im Norden Chinas einen neuen Charakter: Bereits vor Jahrtausenden wurde diese »Wiege des chinesischen Volkes« urbar gemacht. Die Folge war, daß vor allem nach den heftigen Niederschlägen während der

Sommermonate die Erde fortgespült wurde. Hunderttausende von Tonnen färbten alljährlich den »Gelben Fluß« ockerfarben, der dann regelmäßig weiter flußabwärts über seine Ufer trat und die Sedimentfracht wieder an Land spülte. Als später dann Nomadenstämme aus dem Norden in China eingefallen waren und die Lößebene besetzt hatten, formten sie das Ackerland wieder in Grasland um. In den folgenden Jahrhunderten blieben die Hochwasser im Unterlauf aus, und auch die Winderosion ging spürbar zurück. Als dann die Han-Chinesen das Lößplateau wieder zurückeroberten, wurde das Grasland erneut systematisch mit dem Pflug in Äcker umgewandelt. Die Erosion begann von neuem und hat bis heute ihren Lauf genommen.

Seit zwei Jahrtausenden sind Bauern nordwärts gezogen. Sie erschlossen mit Herden und Pflügen weite Landstriche Chinas, rodeten Wälder für den Getreideanbau und legten Sümpfe und Feuchtgebiete für Reisfelder trocken. Die Menschen drangen bis zu den Grenzen vor, die ihnen die Natur gesetzt hatte: Gebirge und Wüsten. Historische Quellen belegen eindeutig, daß die Bauern bereits vor 2000 Jahren ihre landwirtschaftlich genutzten Gebiete auf jene Fläche ausgedehnt hatten, die auch heute dem chinesischen Volk zur Verfügung steht: rund elf Prozent der gesamten Landfläche der Volksrepublik. Da damals – wie heute – neue Landwirtschaftsflächen nur mit hohem Aufwand zu erschließen waren, versuchten die Bauern bereits vor Jahrtausenden mit Erfolg höhere Ernteerträge durch verbesserte Anbaumethoden zu erreichen. Bewässerungssysteme, Mehrfachanbau, die Umwandlung von Hängen in Terrassenfelder und die Einführung neuen Saatguts waren

ihre Methoden, um erfolgreich die Ernteerträge zu verdoppeln.
Bereits im 11. Jahrhundert nach Christus gelang es den chinesischen Bauern mit einer frühreifen Reissorte, nicht nur die subtropischen Tiefebenen im Süden Chinas zu nutzen, sondern auch zwei Ernten pro Jahr zu erzielen.

Diese chinesischen Traditionen der Landgewinnung und des Ackerbaus haben zusammen mit der Rodung von Wäldern in einer langen Periode des Fortschritts die natürliche Entwicklung der Landschafts- und Naturräume Chinas stark beeinflußt und teilweise auch grundlegend verändert. Vor allem der jahrhundertelange Raubbau an den Wäldern hat die ursprüngliche Vegetation nahezu zerstört. Nur noch in den Hinggan- und Changbaibergen und in der subalpinen Zone im westlichen Sichuan sowie auf wenigen Gebirgshochflächen gibt es noch einige Urwälder. Wo es sinnvoll erschien, wurden mit der Axt bewaldete Berge und Hügel derart abgeholzt, daß heute nur noch Büsche vorhanden sind oder noch häufiger die nackte Erdoberfläche schutzlos Regen und Sturm preisgegeben ist.
Diese Zerstörung der natürlichen Vegetation hat zu folgenschweren Erosionsproblemen geführt: Zum einen sank die Bodenfruchtbarkeit drastisch, zum anderen wurde bereits die Humusschicht so dünn, daß heute Versuche, die blanken Flächen wiederaufzuforsten, sich äußerst schwierig gestalten. Wie der Ackerbau, so hat auch die Viehzucht, vor allem in Norden Chinas, eine lange Tradition. Mit wachsender Bevölkerungszahl mußten auch die Herden größer werden, und an vielen Orten ist heute das Grasland überweidet oder von den Hufen der Tiere festgestampft.

Augenblicklich, also in den 80er Jahren, verfügt die Volksrepublik China über Ackerland in einer Größenordnung von 100 Millionen Hektar. Davon sind 55 Prozent großflächig in den Ebenen verteilt, der Rest an Berghängen und in Tälern bis hoch in die Berge hinauf. Jeder verfügbare Quadratmeter wird von der Landwirtschaft genutzt, selbst in problematischen Lagen wachsen Gemüse und Mais. Zwei Drittel der Landwirtschaftsfläche sind gute und fruchtbare Böden, beim restlichen Drittel gibt es Probleme: Vier Millionen Hektar sind für den Ackerbau zu feucht, bei rund sieben Millionen Hektar sind die Böden entweder versalzen oder alkalisch, und von Sandstürmen und Dürre werden weitere zehn Millionen Hektar bedroht. Seit 1949 hat das Land insgesamt 33 Millionen Hektar neu gewonnen und nahezu 32 Millionen Hektar Landwirtschaftsfläche wieder an Städte und Industrie abgeben müssen. Insgesamt hat, nach offiziellen Statistiken der Regierung, in China die Landwirtschaft seit 1952 rund 13 Millionen Hektar Ackerland verloren. Dieser Verlust hat zusammen mit der wachsenden Bevölkerung dazu geführt, daß heute pro Einwohner nur noch 0,107 Hektar Farmland zur Verfügung steht, während es 1952 noch 0,187 Hektar waren. Zwar weisen die chinesischen Entwicklungspläne noch weitere 46,7 Millionen Hektar Land aus, das derzeit nicht genutzt wird, doch nur ein Drittel davon ist für die Landwirtschaft nutzbar.
Der weiteren Entwicklung hinsichtlich der Erschließung neuer landwirtschaftlicher Nutzflächen sind damit enge Grenzen gesetzt.

Größere, zusammenhängende Waldflächen sind heute in China nur noch im Nordosten und Südwesten anzu-

treffen. Diese zwei Regionen besitzen rund 43 Prozent des gesamten Waldgebietes der Volksrepublik und liefern rund 65 Prozent des gesamten Holzvorrates im Lande. Nach Angaben der chinesischen Regierung, die allerdings von Forstfachleuten internationaler Organisationen als zu hoch eingeschätzt werden, sind insgesamt 115,3 Millionen Hektar mit Wald bedeckt. Teile dieser Waldflächen sind als Naturschutzgebiet ausgewiesen. Insgesamt zählte Ende 1984 China 274 Naturreservate, die insgesamt eine Fläche von 16 Millionen Hektar umfassen. Sie dienen nicht nur dem Schutz seltener Pflanzen und Tiere, sondern sind mittlerweile auch zu Zentren der internationalen Forschung für Ressourcen und Umwelt geworden.
Bereits 1980 wurden das Wolong-Schutzgebiet in Sichuan, der Changbai-Park in Jilin und das Dinghu-Reservat in Guangdong unter den Schutz des UNO-Projekts »Man and the Biosphere« (MAB) gestellt.

Die Naturschutzgebiete Chinas lassen sich in zwei Kategorien teilen: So dient der Changbai-Park im Nordosten Chinas zum Schutz des Ökosystems, da in diesem Gebiet die meisten Pflanzenarten der gemäßigten Zone vorkommen. Es beherbergt über 12000 Arten höherer Pflanzen, von denen einige sogar noch aus dem Tertiär stammen. Zu den aussterbenden Tierarten, die hier Zuflucht fanden, gehören auch der Mandschurei-Tiger sowie einige Leopardenarten.
Das subtropische Ökosystem kann im Schutzgebiet der Wuyiberge in der Küstenprovinz Fujian studiert werden. Ein Winkel dieses Reservats beherbergt 70 Tierarten. Vögel und Amphibien, die erst in diesem Jahrhundert entdeckt worden sind. Von den 32 Insektenfamilien Südostasiens leben hier 31.

Die Dinghuberge in Guangdong werden von zahlreichen Wissenschaftlern als »immergrünes Schatzhaus« bezeichnet, da hier über 400 Jahre alte Urwälder zu finden sind, die 1700 höhere Pflanzen-, 170 Vogel- und 40 Säugetierarten sowie rund 900 Pilzarten beherbergen.
Für seine seltenen Baumarten ist das Naturschutzgebiet von Huaping in Guangxi bekannt. In den 50er Jahren wurde hier der *Cathaya Argyrothylla* entdeckt, eine Baumart, die bereits vor 100 Millionen Jahren auf der Erde blühte und als ausgestorben galt.
Die zweite Kategorie von Naturschutzgebieten in China hat das Ziel, die Umwelt für seltene und vom Aussterben bedrohte Tierarten zu erhalten.
Bekanntestes Beispiel dafür sind die Schutzgebiete für den Großen Pandabär in Sichuan, Shanxi und Gansu. Insgesamt hat China für dieses lebende Fossil zehn Naturschutzgebiete ausgewiesen, weitere zehn dienen dem Schutz seltener Vögel.

Bei Geburten wird das Plansoll überschritten

Trotz ihrer Größe ist die Volksrepublik China für ihre Bewohner zu klein: Zieht man von der gesamten Landfläche den Anteil an Wüsten, Gebirgen und all jenen Gebieten ab, die landwirtschaftlich nicht sinnvoll genutzt werden können, so kommt man zu dem Ergebnis, daß China mit nur sieben Prozent des Ackerbodens der Erde knapp ein Viertel der Weltbevölkerung ernähren muß. Die natürlichen Ressourcen sind begrenzt, und da die Volksrepublik ihre Bodenfläche nicht vergrößern kann, muß die Bevölkerungszahl, die darauf und davon lebt, unter Kontrolle gebracht werden.

Obwohl gesicherte statistische Angaben darüber fehlen, gehörte China tatsächlich schon immer zu den dichtbesiedelten Regionen der Erde. Da historische Quellen, wie Listen über Steuerabgaben oder die Anzahl von Soldaten, nicht immer der Wahrheit entsprechen, bleibt die Vermutung, daß im ersten Jahrhundert nach Christus rund 60 bis 70 Millionen Menschen in China gelebt haben dürften. Sicherer dagegen ist, daß die Bevölkerung zwischen 1750 und 1900 von 190 Millionen auf 426 Millionen Menschen anstieg.
Präziser sind die Angaben für das 20. Jahrhundert. Sie zeigen, daß das exponentielle Wachstum aus einer großen Kinderzahl und steigender Lebenserwartung in China erst in den 70er Jahren etwas abgebremst wurde. Doch die erste Wende im Bevölkerungswachstum war 1949 mit der kommunistischen Regierungsübernahme zu beobachten. Die Hungersnöte, die bis in die Mitte des 20. Jahrhunderts immer wieder zu großen Bevölkerungsverlusten geführt hatten, traten unter der Herrschaft Mao Zedongs nicht mehr auf.
Dafür haben jedoch politische Umbrüche die Bevölkerungsentwicklung beeinflußt: Zu Beginn der Volksrepublik war es die wirtschaftliche Not, die den Kindersegen verringerte; in den 60er Jahren war es die Kulturrevolution, die durch physische Liquidation zu großen Verlusten in den Reihen der Chinesen führte. Mit dem Ende dieser Terrorwelle ging es in China wirtschaftlich langsam bergauf, und nach einer Stabilisierung der innenpolitischen Lage stiegen die Geburtenraten wieder leicht an.

Als die Volksrepublik 1949 gegründet wurde, bevölkerten rund 540 Millionen Menschen das Land. Da von den politischen Machthabern die Devise ausgegeben wurde, daß viele Hände viel Arbeit leisten können, wurde die Kontrolle des Bevölkerungswachstums vernachlässigt. Ende der 60er Jahre überschritt die Bevölkerung Chinas die 800-Millionen-Grenze. Nach Volkszählungen in den Jahren 1953 und 1964 war für den 1. Juli 1982 die dritte, große und umfassende Bestandsaufnahme in der Volksrepublik geplant. Punkt Mitternacht schwärmte ein Heer von fünf Millionen eigens ausgebildeten Datenerfassern zu Fuß, mit Autos, Fahrrädern, Pferden und Kamelen aus, um jeden einzelnen Bewohner von der Mongolischen Steppe über das Tibetanische Hochbergland bis zur Wüste Gobi und den großen Städten des Landes zu registrieren. 14 Tage dauerte das Unternehmen, für das jeder Chinese einen 19 Punkte umfassenden Fragebogen ausfüllte. Milliarden von Daten über Alter, Familienstand, Geschlecht, Beruf und Bildungsniveau wurden in 29 Computer eingegeben und verarbeitet. Bereits Ende Oktober wurden vorläufige Endergebnisse veröffentlicht: Danach war die Bevölkerung der Volksrepublik China in den vorangegangenen 18 Jahren um 14 Prozent angestiegen. Insgesamt lebten am Stichtag, dem 1. Juli 1982, 1 031 882 511 Menschen in China. 67 Millionen Bürger davon gehörten zu den insgesamt 55 nationalen Minderheiten, wie den Tibetanern und Mongolen.

Diese Zahlen alarmierten die chinesische Führung in Beijing. Denn sollte die Entwicklung weiter wie bisher andauern, so war damit zu rechnen, daß im Jahre 2000 China über 1,2 Milliarden Einwohner zählen würde.

Man entschloß sich zu einer Familienpolitik, die dann weltweit für Schlagzeilen sorgte: Einerseits hatten die Maßnahmen zu sichtbaren Erfolgen geführt und das

Wachstum gebremst, andererseits riefen einzelne Vorgaben heftigen Widerspruch hervor. Ziel der Familienplanung war es, das Heiratsalter bei jungen Frauen auf dem Lande auf 23 Jahre, bei Männern in Großstädten auf 25 beziehungsweise 27 Jahre heraufzusetzen. Vier bis fünf Jahre sollte der Abstand zwischen den Geburten betragen, und die Kinderzahl sollte auf maximal zwei begrenzt werden, wobei der Staat die Ein-Kind-Familie mit besonderen Förderprogrammen begünstigte.

Erfolg hatten diese Programme vor allem in den Großstädten, während auf dem Lande eine höhere Kinderzahl immer noch die Regel war, da traditionelle Einstellungen zur Familie und vor allem zum Sohn als Stammhalter die Wirksamkeit der in den Städten proklamierten Bevölkerungspolitik stark einschränkten. Auf dem Lande zeigte sich aber auch die Kehrseite der auf ein einziges Kind konzentrierten Familienplanung: Immer wieder wurden Berichte veröffentlicht, wonach Neugeborene von ihren Eltern getötet wurden, falls es sich um Mädchen handelte. Eltern, die nicht bereit waren, auf ein zweites Kind zu verzichten oder es abtreiben zu lassen, hatten mit Geldstrafen, Lohnabzug oder psychischem Druck zu rechnen: In langwierigen Diskussionen mußten Ehepaare, Mütter und Väter, sich vor Arbeitskollegen und Vorgesetzten rechtfertigen.

Aus dieser Zeit wurden auch Berichte über Zwangssterilisationen bekannt und verschiedentlich sollen Frauen zur Abtreibung genötigt worden sein, wenn sie trotz Familienplanung schwanger wurden. In einigen Gebieten wurden jährlich Geburtsquoten vorgegeben, und Ehepaare mußten sich erst die Erlaubnis für Nachwuchs holen. Insgesamt gab es eine Reihe von Anordnungen, die von Region zu Region unterschiedlich waren und die je nach Haltung der örtlichen Behörden, mehr oder minder strikt gehandhabt wurden.

Doch der Staat versuchte es nicht nur mit Repressionen, sondern auch mit Anreizen: Bis heute wird die Familienplanung weithin und mit Nachdruck propagiert, um die Menschen von der Notwendigkeit zu überzeugen, freiwillig auf ein zweites Kind zu verzichten. Empfängnisverhütungsmittel und Sterilisation sind kostenlos, wobei die Art der Verhütungsmittel frei gewählt werden kann.
Zudem wurde die Ein-Kind-Familie bevorzugt behandelt: In vielen Städten erhalten die dreiköpfigen Familien einen »Gesundheitszuschuß« von fünf Yuan bis zum 14. Lebensjahr des Kindes, was einem etwa zehnprozentigen Lohnzuschlag entspricht. Parallel dazu wird auf dem Land der finanzielle Zuschuß über eine äquivalente Zahl von Arbeitspunkten verrechnet, die Grundlage für die Entlohnung sind. Ein-Kind-Familien werden bei der Unterbringung ihres Nachwuchses in Kindergärten und Krippen bevorzugt, während bei der Wohnraumvergabe für das zweite und jedes folgende Kind keine zusätzliche Wohnfläche gewährt wird. In Shanghai erhalten die Eltern einen Zuschlag auf die Rente, wenn sich ihre Kinder an die staatlich gewünschte Familienplanung halten. In der Provinz Sichuan erhält das Kind einer dreiköpfigen Familie bei der Getreideverteilung die gleiche Menge wie ein Erwachsener, bei der Zuteilung von Privatland werden 3,5 Anteile vergeben, also 0,5 mehr, als es der Kopfzahl der Familie entspräche. Diese Vorteile jedoch werden wieder hinfällig bei der Geburt eines zweiten Kindes.

Zudem begannen chinesische Behörden, Altersheime zu bauen, um der Tradition, daß Söhne geboren werden müssen, um die Alten zu versorgen, die Substanz zu nehmen.

Trotz heftiger Diskussionen und zum Teil auch Sanktionen – so haben die Abtreibungen als Mittel der Familienplanung in China in den Vereinigten Staaten Verärgerung ausgelöst und die Regierung in Washington veranlaßt, 23 Millionen Dollar zu blockieren, die die Vereinten Nationen für die Geburtenregelung in der Volksrepublik bereitstellen wollten – war die Familienplanung in den 70er Jahren durchaus erfolgreich verlaufen: Die natürliche Wachstumsrate ging von 2,6 Prozent im Jahre 1970 auf 1,1 Prozent im Jahre 1985 zurück.
So lobte auch zum Weltbevölkerungstag am 11. Juli 1987, der unter dem Motto stand: »Tag der fünf Milliarden«, die Weltbank: Nach ihren Schätzungen wäre dieser Tag schon zwei Jahre früher eingetreten, wenn China nicht die Familienplanung praktiziert hätte, denn ohne diese Fortschritte gäbe es 130 Millionen Menschen mehr. Infolge des Rückgangs beim Bevölkerungswachstum in China sei die jährliche Wachstumsrate der Weltbevölkerung von 1,9 Prozent in den 70er Jahren auf 1,7 Prozent Mitte der 80er Jahre gefallen.

Doch bereits wenige Monate vorher hatten Veröffentlichungen der chinesischen Presse sowie des Statistischen Amtes in Beijing für Unruhe gesorgt, als im März 1987 die aktuellen Zahlen der Bevölkerungsentwicklung für das Jahr zuvor bekanntgegeben wurden. Demnach lebten 1986 eine Milliarde und 16 Millionen Menschen in China, 14,7 Millionen mehr als im Jahr zuvor.

Das Problem liegt aber nicht in den absoluten Zahlen, sondern in der Zuwachsrate: mit 14,08 pro 1000 Einwohner waren es im Schnitt drei mehr als 1985. Der Trend zu höheren Geburtenzahlen ist nicht mehr zu übersehen, das Plansoll der Familienpolitik ist »regelmäßig übererfüllt«, kommentierten die Zeitungen. Berichte wurden veröffentlicht von wohlhabenden Bauern, die für ein Zusatzkind durchaus die empfindliche Geldstrafe anstandslos in Kauf nehmen. Andere setzen so lange Kinder in die Welt, bis ein Junge geboren wird, nach der Devise: »Wenn es beim dritten Mal nicht klappt, dann eben beim vierten Mal.« Es wird auch von Funktionären berichtet, die ihre Macht dazu nutzen, selbst mehr Kinder zu bekommen, so daß einem Beijinger Beamten nur das Fazit bleibt: »Wer auf dem Land partout nicht will, wie er soll, der findet auch einen Weg.« 80 Prozent der chinesischen Bevölkerung leben auf dem Lande, und dort ist auch der Einfallsreichtum groß, wie man dem Druck der staatlichen Strafen entgehen kann. Schwangere Frauen besuchen rechtzeitig weit entfernt lebende Verwandte und kommen nach der Geburt mit einem »Pflegekind« wieder zurück, und auch »falsche Ehescheidungen« sind, wie Zeitungen berichten, nicht selten: Droht die Überprüfung der Geburtenplanung, lassen sich viele Paare wegen »gegenseitiger Unverträglichkeit« im besten Einvernehmen scheiden, um anschließend in wilder Ehe wieder zusammenzuleben.

Zum »heißen Eisen«, an dem sich vor allem Politiker die Finger verbrennen können, wird die Diskussion über Familienpolitik in China aber immer dann, wenn es um die 55 ethnischen Minderheiten im Lande geht.

Ihr Anteil an der Gesamtbevölkerung beträgt sieben Prozent, deswegen unterliegen sie auch nicht einer so restriktiven Geburtenkontrolle wie die restlichen 93 Prozent der Han-Chinesen. Mit dem Versuch, die Geburtenkontrolle auf diese Minderheiten auszudehnen, ihnen die zweiten, dritten oder vierten Kinder zu verbieten oder sie mit Sanktionen zu belegen, droht der Regierung in Beijing die Gefahr des Vorwurfs, ihre ethnischen Gruppen, die immerhin 60 Prozent der Landesfläche besiedeln, ausrotten zu wollen. Dabei hat sich in den letzten 30 Jahren deren Personenzahl beträchtlich vermehrt und die 60-Millionen-Grenze weit überschritten. Gerade unter den Minoritäten ist die Geburtenrate sehr hoch und ohne Kontrolle, so ergeben Hochrechnungen, wird die Zahl der Menschen bis zum Jahre 2000 auf 95 Millionen ansteigen. In einem Jahrhundert könnten die Mitglieder der ethnischen Gruppen theoretisch auf 500 Millionen Menschen angewachsen sein.

Ziel der Familienpolitik ist es jedoch, bis zum Ende dieses Jahrhunderts das chinesische Volk auf einer Bevölkerungszahl von 1,2 Milliarden zu halten. Zum »Tag der fünf Milliarden« erklärte der chinesische Ministerpräsident Zhao Ziyang am 11. Juli 1987: »Während des Wirtschaftsaufbaus hält China an der Politik der Familienplanung fest und bringt so sein Bevölkerungswachstum unter Kontrolle, so daß der Bevölkerungszuwachs mit der sozialen und wirtschaftlichen Entwicklung, mit der Ökologie und der Nutzung von Ressourcen im Gleichgewicht steht. Dadurch kann die Armut beseitigt und unser Land gestärkt werden, unsere Nation wird gedeihen, einzelne Familien werden zum Wohlstand gelangen. Dies gehört zu einer erklärten Politik Chinas in der Periode des sozialistischen Aufbaus.«

Der chinesische Ministerpräsident hat damit treffend die Folgen eines ungebremsten Bevölkerungswachstums beschrieben – soziale und wirtschaftliche Probleme sowie die Gefährdung des ökologischen Gleichgewichtes und der Ressourcen –, doch ob das Ziel der chinesischen Familienplanung, 1,2 Milliarden Menschen im Jahre 2000, erfüllt werden kann, ist mehr als fraglich.

Denn am selben Tag, als Zhao Ziyang in einer TV-Sondersendung seine Rede hielt, verkündete die Staatliche Kommission für Familienplanung, daß die Gesamtbevölkerung auf dem Festland bis Ende 1986 1057210000 Menschen gezählt habe, 3,34 Millionen mehr als 1985, die Wachstumsrate seit 1986 sei deutlich angestiegen. Sie betrug in diesem Jahr 20,8 pro 1000 Einwohner, im Jahr zuvor war sie bei 17,8 pro 1000 Einwohner gelegen. Die natürliche Wachstumsrate abzüglich der Sterbefälle belief sich auf 1,408 Prozent, was gegenüber 1985 eine Steigerung von 0,285 Prozent bedeutete.

Seitdem warnen die Demographen vor einem neuen Babyboom in China und geben dafür mehrere Gründe an. Zum einen berufen sie sich auf die Statistiker: Nach deren Angaben muß die jährliche Geburtenzahl unter 20 Millionen Kindern liegen, wenn die Bevölkerungs zahl bis zum Jahre 2000 die 1,2-Milliarden-Grenze nicht überschreiten soll. Tatsächlich wurden jedoch im Jahre 1987 bereits 22,66 Millionen Kinder geboren.

Auf der Suche nach Ursachen des Kindersegens fand man in China zwei Erklärungen: Zum einen ist die Kontrolle der Geburtenrate durch die zunehmende Mobilität der Bevölkerung sehr schwierig geworden. Seit dem Beginn der Reformpolitik Ende der 70er Jahre haben rund 50 Millionen Menschen ihre Heimatorte verlassen.

Den Wechsel vom Land in die Stadt nutzen viele Familien aus, um mehr Kinder als erlaubt zu bekommen. Ungeplante Schwangerschaften und Geburten sind üblich, und manche Ehepaare ohne festen Wohnsitz haben sogar fünf oder sechs Kinder.
Ein weiterer Faktor für die hohe Wachstumsrate der Bevölkerung ist der Babyboom, der 1962 begann. Diejenigen, die in den 60er Jahren geboren wurden, befinden sich jetzt im heirats- und gebärfähigen Alter. Den offiziellen statistischen Angaben nach stieg 1986 die Zahl der gebärfähigen Frauen um neun Millionen gegenüber 1985. 1986 wurden auch 9,34 Millionen erste Ehen geschlossen, 560000 mehr als im Vorjahr.
Zudem nimmt die Zahl der Familien mit zwei Kindern wieder zu, was in den ländlichen Gebieten mit besonders harten Bedingungen erlaubt wird. Der Anteil der Familien mit drei und mehr Kindern ist immer noch sehr hoch: 1986 machten die Geburten des ersten Kindes 51,2 Prozent, des zweiten 31,5 Prozent und des dritten und weiteren 17,2 Prozent aller Geburten aus. Spätestens ab dem Jahre 2005, so warnen Bevölkerungspolitiker, werde in China der dritte Babyboom einsetzen.
Trotz aller erkennbaren Fortschritte in der Bevölkerungspolitik ist es aus heutiger Sicht daher fraglich geworden, ob China sein Ziel der 1,2-Milliarden-Grenze einhalten kann. Sollte sich künftig die Geburtenrate mit einer Geschwindigkeit wie im Jahr 1986 weiterentwickeln, werden 23 Millionen Babys 1988 geboren werden, und die Wachstumsrate der Bevölkerung steigt damit auf 14,95 Promille.

Kapitel 3:

Eine Reisschüssel für alle

Vorgeschichte

»Die Revolution ist keine Tea-party.« Dieser Ansicht war der chinesische Revolutionsführer Mao Zedong bereits Mitte der 20er Jahre, als er mit einigen hundert halb verhungerten, aber entschlossenen Revolutionären eine Armee aus mehreren zehntausend Arbeitern und Bauern aufbaute. 1930 war diese Rote Armee für Chiang Kaishek und seine Komintang-Truppen zum ernsthaften Rivalen um die Macht geworden, nachdem immer mehr Provinzen in Südchina von den aufständischen »Roten« beherrscht wurden. In Massengerichtsverhandlungen hatten die Kommunisten Grundbesitzer und Klassenfeinde verurteilt und auch hingerichtet, das Land neu verteilt und die Steuern herabgesetzt. Arbeitslosigkeit, Opium, Prostitution, Sklavenhandel mit Kindern sowie Zwangsheirat wurden abgeschafft. Die Lebensbedingungen der Arbeiter und Bauern, befreit von der erdrückenden Last der Pacht an die Grundherren, verbesserten sich. Die Menschen lernten Lesen und Schreiben und liefen in Scharen zu den Kommunisten über.

Die militärischen Auseinandersetzungen um die besetzten Regionen zwischen den 900 000 Mann starken Regierungstruppen und der 180 000 Köpfe zählenden Roten Armee nahmen Anfang der 30er Jahre an Schärfe

zu, und Chiang Kaishek mußte erkennen, daß jeder Versuch, in die »roten« Gebiete einzudringen, mit großen Verlusten bezahlt werden mußte.
Sein deutscher Berater, General von Falkenhausen, empfahl daher eine neue Taktik: die »Banditen« zu umzingeln, eine undurchlässige Wirtschaftsblockade zu verhängen und die Kommunisten einzuschließen. Die Regierungssoldaten legten daraufhin Festungsgürtel an und richteten sich auf einen Stellungskrieg ein, der die Aufständischen über kurz oder lang aushungern sollte. Nach Angaben von Zhou Enlai hatte die Rote Armee in dieser Zeit 60000 Mann verloren.
Am 16. Oktober 1934 sah sie nur mehr einen Ausweg: Die eingeschlossenen Gebiete zu verlassen und zu einem »Langen Marsch« aufzubrechen.

Drei Nächte lang drängten die Kommunisten in zwei Kolonnen nach Westen und Süden, in der vierten Nacht nahmen sie in Hunan und Guangdong die Befestigungslinien der Regierungstruppen im Sturm. Damit war der Weg in den Süden und Westen frei. Tausende von Bauern, Männern, Frauen und Kindern, Kommunisten und Nichtkommunisten begannen zu marschieren. Zum Teil trieb sie die Hoffnung auf eine bessere Zukunft, zum Teil aber auch sicherlich Angst, denn bei den Säuberungsaktionen der Regierungstruppen kam es immer wieder zu Massenerschießungen.
Nach diesem Durchbruch begann die Rote Armee ihren über ein Jahr dauernden Zug in den Westen und Norden Chinas, der sie auf einer 10000 Kilometer langen Route über die schwierigsten Pfade der Welt, über hohe Schneeberge und breite Flüsse zum Ziel führen sollte. Der »Lange Marsch« war vor allem ein langer Kampf

vom ersten bis zum letzten Tag. Bis zum 29. November durchbrach Mao Zedong mit seiner Roten Armee vier Verteidigungslinien der Regierungstruppen im Südwesten Chinas, um nach Sichuan zu marschieren, wo die kommunistischen Streitkräfte sich mit der vierten Frontarmee vereinigen wollten. Alleine 5000 Mann der Roten Armee waren bei diesem Marsch damit beschäftigt, Transportaufgaben zu lösen, während die Vorhut vor Flugzeugangriffen und Maschinengewehrnestern immer wieder Deckung suchte und aufgehalten wurde.

Chiang Kaishek erwartete, daß Mao Zedong den Fluß Yangtze nach Sichuan überqueren würde. Er befahl, alle Fähren zum Nordufer des Flusses zu ziehen, die Straßen zu blockieren und überall Getreide und Lebensmittel zu beschlagnahmen. Es gelang ihm, den Vormarsch der Kommunisten für vier Monate zu stoppen.
Während dieser Zwangspause jedoch besuchten die Aufständischen Dörfer und Städte in der Provinz, hielten Versammlungen ab, organisierten kommunistische Kader und rekrutierten vor allem 20000 Mann für den Weitermarsch.
Für Chiang Kaishek wurde mittlerweile der Fluß zur entscheidenden Verteidigungslinie: Er telegraphierte seinen Kommandeuren: »Das Schicksal der Nation und der Partei beruht darauf, die Kommunisten südlich des Yangtze zurückzuhalten.«

Anfang Mai 1935 kehrten die Aufständischen überraschend um, marschierten gegen Süden und betraten die Provinz Yunnan, wo China an die Grenzen von Burma und Indochina stößt. Chiang mobilisierte seine Truppen für einen Verfolgungsmarsch, bis er erkannte, daß er auf ein Ablenkungsmanöver hereingefallen war: Die Hauptstreitkräfte der Aufständischen waren nach Westen geschwenkt, um nach Lengkai zu gelangen, zu einer der wenigen Furten, wo der Yangtze überquert werden kann. Eine Vorhut begann, eine Bambusbrücke zu bauen, was wiederum Chiang beruhigte: Der Brückenbau über den Fluß würde Wochen dauern, so daß er in Ruhe seine Soldaten auf diesen Punkt konzentrieren könnte.

Doch in einer Nacht brach unbemerkt ein Bataillon der Roten Armee auf, legte in einem Gewaltmarsch 140 Kilometer in einem Tag und in einer Nacht zurück und erreichte das Fort Chou-Ping, den einzigen möglichen Fährübergang in der näheren Umgebung. Verkleidet mit Uniformen der Regierungssoldaten betraten die Kommunisten die Stadt und entwaffneten in aller Stille die Garnison. Sie befahlen den Dorfbeamten, den Wachen auf der anderen Flußseite zuzurufen, daß die Regierungstruppen ein Boot bräuchten. Eine Abteilung »Regierungssoldaten« setzte über den Fluß, um dort den Soldaten kampflos die Waffen abzunehmen.

Mittlerweile war auch die Hauptabteilung der Roten Armee aufgebrochen. Sie erreichte am nächsten Tag das Fort. Sechs große Boote fuhren neun Tage lang ohne Unterbrechung, um Maos Soldaten überzusetzen.

Chiang Kaishek tobte vor Wut. Die Rote Armee war in Sichuan eingetroffen, und es gab jetzt nur noch eine Möglichkeit, den Vormarsch zu stoppen: an einem anderen Fluß, dem Tatu.

Verborgen unter dichten Wäldern erreichte eine Vorhut der Aufständischen die am Tatu gelegene Stadt An

Jen Chang. Drei Fähren führten hier über den Fluß, und eine von ihnen war am Südufer befestigt, denn der Kommandeur der Regierungstruppen, mit einer Frau aus der Provinz verheiratet, feierte gerade am Südufer mit Verwandten und Freunden ein Fest. Die Kommunisten nutzten die Gelegenheit, nahmen den Kommandeur gefangen, besetzten sein Boot und eroberten den Übergang in den Norden, ohne daß ein Schuß fiel. Doch der Versuch der Roten Armee, in mehreren Tagen über den Fluß zu setzen, scheiterte: Die Strömung war über Nacht reißend, die Überfahrt mit den drei Fähren gefährlich geworden. Es würde Wochen dauern, so überlegte Mao Zedong, bis alle mit Tieren und Vorräten an das andere Flußufer gelangen könnten. Einen Ausweg bot eine Hängebrücke aus Eisenketten, die Brücke des Liu, die zwei Tagesmärsche westlich der Stadt über den tief in eine Schlucht eingegrabenen, reißenden Tatu führte.

Durch ihre Ferngläser hatten die Kommunisten beobachtet, daß am anderen Ufer immer mehr Regierungssoldaten zusammenkamen und auf die Hängebrücke zueilten. Ein Wettlauf begann: am Südufer die Eliteeinheit der Roten Armee, am Nordufer die müden Soldaten des Gegners. Mao Zedongs Revolutionäre waren schneller und erreichten die Brücke, die mit 16 schweren Eisenketten über den Fluß gespannt war, zuerst. Doch sie mußten feststellen, daß die Hälfte des Brükkenbodens entfernt worden war und nur noch die nackten Eisenketten über dem tobenden Wasser pendelten. Zudem bewachte ein Regiment Regierungssoldaten am anderen Ufer den Übergang mit Maschinengewehren. Ohne Zeit zu verlieren, die Handgranaten und Ge-

wehre auf den Rücken gebunden, klammerten sich Maos Leute an die Eisenketten, während Gewehrsalven von beiden Seiten die Brückenköpfe mit Kugeln bombardierten. Der erste Soldat wurde getroffen und stürzte ab, ein zweiter fiel, ein dritter, bis schließlich einer den gegnerischen Brückenkopf erreichte und eine Handgranate in die Schanze warf. Immer mehr Kommunisten drängten über die Ketten und schleuderten ihre Granaten in das feindliche Maschinengewehrnest, dessen Soldaten schließlich kopflos flüchteten. Über die Brücke gelangte die Rote Armee schließlich in das westliche Sichuan, wo noch ein 3000-Kilometer-Marsch über sieben große Gebirgszüge vor den Kommunisten lag. Viele von ihnen erfroren dabei oder versanken im hüfttiefen Schlamm, zwei Drittel der Transporttiere gingen verloren.
Am 20. Juli 1935 stieß Mao dann auf die vierte Frontarmee, die drei Monate zuvor mit 90000 bewaffneten Männern in Kiangsi aufgebrochen war. Überall hatten die Bauern die zum Teil 50 Kilometer lange Kolonne freundschaftlich begrüßt. Bei der Ankunft der Soldaten wurden die Vorräte der Reichen »beschlagnahmt« und verteilt, eine Aufgabe, für die eine eigene Finanzkommission bei den Kommunisten verantwortlich war. In Yunnan requirierten die Aufständischen bei reichen Kaufleuten Tausende von Schinken, und die Landarbeiter kamen meilenweit herbei, um Portionen mit nach Hause zu nehmen. Für viele war das der erste Schinken ihres Lebens. In den Bezirken auf dem Weg der Aufständischen wurde mit konfiszierten Geldern Nahrung und Obdach bezahlt. Landverträge von Großbesitzern vernichtet, Steuern abgeschafft und die Bauern bewaffnet.

Die Vereinigten Roten Streitkräfte, die sich im Juli 1935 im westlichen Sichuan konzentrierten, zählten rund 100000 Mann. Hier trennt sich die Kolonne: Ein Teil sollte in der Provinz bleiben und versuchen, den kommunistischen Einfluß südlich des Yangtze zu behaupten.
Mao Zedong und die Mehrheit des Politbüros begannen im August 1935, mit 30000 Mann weiter nach Nordwesten zu marschieren. Ihr Weg führte durch Sumpfland, wochenlang gab es nur Regen, kein Feuerholz, der Weizen mußte grün und das Gemüse roh gegessen werden. Weder Bäume noch Zelte schützten die Schlafenden vor den einsetzenden Monsunregen, und müde erreichte die Rote Armee schließlich Nord-Shanxi, wo am 20. Oktober 1935 Maos erste Frontarmee auf die 25., 26. und 27. Rote Armee stieß.

Bis zu diesem Zeitpunkt waren die Soldaten seit ihrem Aufbruch an 368 Tagen marschiert, davon 18mal während der Nacht. Sie hatten 44 Ruhetage auf einer Strecke von rund 8000 Kilometern eingelegt oder durchschnittlich eine Pause alle 200 Kilometer. Pro Tag wurden durchschnittlich 40 Kilometer zurückgelegt, insgesamt 18 Berge, von denen fünf mit Schnee bedeckt waren, und 24 Flüsse überquert. Die Soldaten waren durch zwölf verschiedene Provinzen gezogen und hatten sechs verschiedene Gebiete mit Ureinwohnern durchwandert. Hannibals Marsch über die Alpen war dagegen ein Spaziergang gewesen.

Was jedoch noch wichtiger war: Millionen von Menschen haben die Rote Armee gesehen, sie sprechen gehört und die Furcht vor ihr verloren. Als Mao Zedong am 1. Oktober 1949 in Beijing die Gründung der Volksrepublik China verkündete, waren im ganzen Land die Kommunisten und ihre Ziele bekannt.

Kollektive und Kommunen: Die starke Gemeinschaft

»Wir waren nur in Lumpen gekleidet, und selbst nach der Reisernte gingen wir hungrig ins Bett.«
Heute, knapp 30 Jahre nach der »Befreiung« Chinas, erinnern sich die Bewohner von Dungting in der Provinz Jiangsu im Südosten Chinas nur noch ungern an jene Zeit vor der kommunistischen Herrschaft. Denn vor der Revolution durch Mao Zedong lebten beispielsweise im Dorf Dutjio 427 Landarbeiterfamilien, von denen 81 ihre Existenz mit Betteln und Gelegenheitsarbeit sicherten. Weitere 18 Familien waren gezwungen, ihre Kinder zu verkaufen, und 92 Landarbeiter waren ohne Grund und Boden und ohne ein Dach über dem Kopf. Das Land wurde von sechs Familien beherrscht, die über 75 Prozent der Anbauflächen besaßen. Alleine ihre Grabstätten nahmen 120 Hektar fruchtbaren Ackerlandes ein.

Nachdem die Grundbesitzer von den neuen Machthabern enteignet worden waren und die Bodenreform den Bauern Felder zugeteilt hatte, setzte sich langsam auch die Erkenntnis durch, daß mehr Menschen mehr Kraft bedeuten und größere Genossenschaften mehr leisten können als kleinere. In Dungting waren die Felder, einst im Besitz weniger Familien, durch die vielen Pachtverträge im Laufe der Zeit in zahlreiche kleine Flächen zerstückelt worden. Um die hohen Pachtgebühren leisten zu können, waren die Bauern gezwungen gewesen, aus dem Boden herauszuholen, was nur ging. So wie in der Provinz Jiangsu gab es in der jungen Volksrepublik überall im Land das Problem, die Menschen mit einem Landwirtschaftssystem ernähren zu müssen, dessen fruchtbare Böden ausgelaugt und zersplittert waren. Zwischen 1929 und 1933 besaß ein Bauer zwar durchschnittlich 2,102 Hektar Ackerfläche, die sich jedoch auf elf bis zwölf Felder aufteilte mit einer durchschnittlichen Größe von 0,198 Hektar. Maschinen zur Produktionssteigerung konnten unter diesen Umständen so lange nicht eingesetzt werden, bis die Menschen sich nicht zusammenschlossen, um ihre Äcker zu vergrößern und die Produktion zu intensivieren. In Dungting hatten daher die Bauern begonnen, zwei große und drei kleine Genossenschaften zu gründen.

Gemeinsam war man stark: Fischteiche, die früher fünf bis sechs Kilometer voneinander entfernt gelegen waren, wurden von einer Produktionsbrigade zusammengefaßt und neu angelegt, mit Hacke und Spaten wurden 533 Hektar neues Ackerland gewonnen. In 43000 Arbeitstagen baute eine weitere Arbeiterkolonne von Steindämmen umrandete Terrassenfelder, um darin Mandarinenbäume zu pflanzen. Als 1954 ein Hochwasser in der Nähe eines Sees Äcker überflutete, wurden gemeinsam Dämme in einer Gesamtlänge von 5,8 Kilometern sowie fünf Schleusen angelegt.

Am 29. August 1958 nahm das Zentralkomitee der Kommunistischen Partei Chinas die »Resolution über die Bildung von Volkskommunen auf dem Lande« an. Darin heißt es: »Die Volkskommunen sind das logische

Resultat der Entwicklung der Lage. Groß angelegte, umfassende Volkskommunen sind nicht nur aufgekommen, sondern sie haben sich auch in einigen Gebieten weit verbreitet und in manchen sehr schnell entwikkelt.«

Vier Wochen nach dem Aufruf des Zentralkomitees der Partei entschlossen sich auch die drei Genossenschaften von Dungting, eine Volkskommune zu bilden: In drei Tagen meldeten sich über 8000 Haushalte mit 30000 Personen, um mit mehr Land, vereinter Kraft und mehr Geld Arbeit und landwirtschaftliche Geräte rationeller einsetzen zu können.

Innerhalb weniger Jahre hatte sich das Gesamteinkommen der Kommune verdoppelt, und die Produktionsbrigaden, Arbeitseinheiten mit unterschiedlichen Aufgaben, verfügten über 281 Dieselpumpen für die Be- und Entwässerung der Felder. Um die landwirtschaftlichen Produkte zu verwerten, wurden 21 Fabriken für Getreide- und Futterverarbeitung gebaut, 299 elektrische Dreschmaschinen sowie 24 Traktoren angeschafft.

Mit dem Gesamteinkommen der Kommune stieg auch der Lebensstandard ihrer Mitglieder: Hatte vor der Befreiung ein Bauer ein Jahreseinkommen von 36 Yuan erreicht, so verdiente er in den 60er Jahren 80 Yuan, 1973 trug er 133 Yuan nach Hause. 1964 baute sich beispielsweise die Familie Ya Kunfang ein Haus mit drei Zimmern – das Wohnzimmer in der Mitte, zwei Schlafzimmer an den beiden Seiten und eine Küche. Es kostete rund 2000 Yuan, die von der Familie seit der Kollektivierung innerhalb mehrerer Jahre gespart worden waren. Zehn Jahre später besaßen sie eine Kommode, einen Toilettentisch, ein Transistorradio und eine Tischuhr.

Wie alle anderen Volkskommunen in China war auch die Organisation in Dungting mehr als nur ein Produktionskader: Die wirtschaftliche Basisorganisation war gleichzeitig Grundeinheit der sozialistischen Staatsmacht auf dem Lande. Verwaltung und Produktion, zwei Bereiche, die ursprünglich getrennt waren, hatten sich in Dungting zur großen Volkskommune vereinigt, die der direkten Leitung des Kreises unterstellt wurde und die Produktionsbrigaden und -gruppen führte. Ihr Führungsorgan war das 36köpfige Revolutionskomitee, das von den Kommunemitgliedern gewählt wurde. Einzelne aus dem Komitee waren für verschiedene Aufgaben verantwortlich, wie für den Aufbau der Industrie, die Landwirtschaft, den Handel, das Bildungswesen oder die Miliz. Gemeinsam wurden Produktionspläne aufgestellt und die Ausführung überprüft und kontrolliert.

Das Revolutionskomitee kümmerte sich aber nicht nur um wirtschaftliche Belange, sondern stellte auch die Miliz auf, baute Krankenhäuser und übernahm die Leitung von Schulen. Nach der Gründung der Kommune wurden insgesamt acht Mittelschulen sowie 36 Grundschulen in der Region eingerichtet, und da die Anzahl der eingesetzten Lehrer den Anforderungen nicht mehr genügte, beschloß die Kommune, zusätzlich junge Lehrkräfte aus den Reihen der Kommunemitglieder auszubilden oder Bauern aufzufordern, nebenberuflich Unterricht zu erteilen. Damit überwachte und plante

das Revolutionskomitee nahezu das gesamte Alltagsleben in Dungting. Ohne Zustimmung oder gegen den Willen der Revolutionskader geschah nichts. Sie verstanden sich als verlängerter Arm der Partei, der die Ziele der Revolution auf dem Lande durchzusetzen hatte und gleichzeitig die Verantwortung für die politisch-ideologische Arbeit trug.
Die Volkskommune übernahm aber auch die Verteilung des Gewinns, der in einem Jahr erwirtschaftet worden war, an die Produktionsgruppen und -brigaden. Für die Kommunemitglieder war dies der Lohn der täglichen Arbeit.

Die Neuverteilung von Grund und Boden

Nach der Gründung der Volksrepublik China im Jahre 1949 durchlief die landwirtschaftliche Produktion mehrere Stufen, mit denen Unterschiede in den Eigentumsformen und damit auch in der Landnutzung verbunden waren.
Die erste Stufe der Aufbauphase zwischen 1949 und 1952 war die Bodenreform auf dem Lande, in deren Verlauf Ackerland und Wiesen nicht, wie so häufig berichtet, verstaatlicht, sondern an die rund 300 Millionen Bauern und Landarbeiter verteilt wurden. Von dem Großgrundbesitz, der bei der Machtübernahme der Kommunisten immerhin 70 Prozent der landwirtschaftlichen Anbaufläche eingenommen hatte und von zehn Prozent der Familien bewirtschaftet worden war, waren 1952, drei Jahre nach Beginn der kommunistischen Herrschaft, immerhin noch acht Prozent vorhanden. Mit der Bodenreform war Bewegung in die Landwirt-

schaft gekommen, die vor allem die durchschnittliche Größe von Betrieben veränderte: Im Norden wie in der Provinz Heilongjiang betrug sie nun 0,5 Hektar pro Person, in den dichter besiedelten Gebieten Ostchinas stieg sie auf rund zehn Hektar an.

Doch bereits in der Anfangszeit offenbarte die Bodenreform ihren doppelten Charakter: Einerseits eröffnete sie Möglichkeiten für eine spätere Kollektivierung, andererseits verhinderte sie den Einsatz von Maschinen zur landwirtschaftlichen Produktion im großtechnischen Maßstab. Hinzu kam vor allem in dicht besiedelten Gebieten, daß zahlreiche Landarbeiter nicht genügend Land bekommen hatten, um darauf wirtschaftlich produzieren zu können. Zusammen mit der uneinheitlichen Verteilung von Arbeitsgeräten und Zugtieren und verstärkt durch unterschiedliche Fruchtbarkeit der Böden entstanden auf dem Land bald neue »Klassen«, oft sogar innerhalb einer Dorfgemeinschaft.

Um solche Entwicklungen zu verhindern und die Rückkehr zur Einzelwirtschaft zu stoppen, gab Mao Zedong über die Partei den Bauern Chinas die Anweisung, gegenseitige Hilfe und Kooperation in der Landwirtschaft als eine wichtige Aufgabe anzupacken. Freiwillig schlossen sich darauf im ganzen Land Familien und Nachbarn in den Dörfern zusammen, um gemeinsam Zugtiere und landwirtschaftliche Geräte zu benutzen. Trotz der kollektiven Arbeit blieb der Besitz von Boden unangetastet, und auch die Einkommen fielen, je nach Betriebsgröße, unterschiedlich aus. Insgesamt aber, so schätzen Agrarfachleute, ist damals die Arbeitsproduktivität um zehn bis 30 Prozent hinsichtlich der Gesamternte gestiegen.

Mit seinem Appell hatte zudem Mao Zedong die organisatorische Grundlage für die weitere Kollektivierung geschaffen: Nach den ersten Erfahrungen mit der gemeinschaftlichen Arbeit wuchs in den Dörfern der Wunsch, den Weg der Kollektivierung fortzusetzen. Im Dezember 1951 verabschiedete das Zentralkomitee der kommunistischen Partei Chinas daher die »Beschlüsse über die gegenseitige Hilfe und Zusammenarbeit in der landwirtschaftlichen Produktion«, denen dann zwei Jahre später, im Dezember 1953, die »Beschlüsse über die Entwicklung der landwirtschaftlichen Produktionsgenossenschaften« folgten.

Die Phase der Kollektivierung zwischen 1953 und 1957 fand in zwei Stufen statt: In ganz China wurden zunächst landwirtschaftliche Produktionsgenossenschaften (LPG) eines niederen und dann eines höheren Typs eingeführt. Zu den Aufgaben einer »LPG niederen Typs« gehörten die Planung, die Produktion und die Organisation der Arbeitskräfte und Arbeitsmittel, wie Boden und Zugvieh sowie Privateigentum, das die Bauern selbst einbrachten. Die Erlöse aus den Ernten wurden in einen Topf geworfen, aus dem dann, je nach Ausmaß der geleisteten Arbeit und der unterschiedlichen Fruchtbarkeit des Bodens, Anteile an die Bauern wieder ausbezahlt wurden. Da Familien mit besseren Äckern mehr bekamen als andere – das Vergütungsverhältnis zwischen Arbeit und Boden schwankte häufig von 40:60 bis 70:30 –, kam es häufig vor, daß manche Familien ein höheres Einkommen erzielten als andere, obwohl jene genausoviel gearbeitet hatten. Dadurch war nicht nur der Dorffriede gefährdet, sondern wurde häufig auch der Klassengegensatz wieder gefördert.
Für die politische Führung war daher die Konsequenz

der Versuch, den Anteil am Einkommen für die Arbeit zu vergrößern und den Anteil aus der Bodenvergütung zu verringern. Gegenüber den »Organisationen für gegenseitige Hilfe« waren die »LPG niederen Typs« aber schon ein Fortschritt gewesen: Einheitliche Führung und größere Landwirtschaftsflächen ermöglichten eine bessere und rationellere Bearbeitung des Bodens, wodurch sich die Produktivität erhöhte. Nach Angaben von Mao Zedong konnte zwischen 1952 und 1954 beispielsweise eine Dorfgemeinschaft in der Provinz Hebei im Nordosten Chinas den Zuwachs steigern: bei Getreide wurde ein Zuwachs von 76 Prozent, bei Obstbäumen von 63 Prozent, bei Nutzholzbäumen von 57 Prozent und beim Schafbestand sogar von 463 Prozent ausgewiesen. In 40 der ersten LPGs in Nord- und Nordostchina stieg nach einer Untersuchung des Ministeriums für Landwirtschaft im Jahre 1951 der »LPG-Ertrag pro Mu« (1 Mu = 0,15 Hektar) um 16,4 Prozent gegenüber den Erträgen der »Organisation für gegenseitige Hilfe« und um 39,2 bis 50 Prozent gegenüber den Erträgen einzelner, kleinbäuerlicher Betriebe.
Doch die »LPGs niederen Typs« stießen auch auf Grenzen: Sie verhinderten die Zusammenlegung von Äckern zu größeren Einheiten und den Bau von Bewässerungssystemen. Insgesamt stieg die Zahl der »LPGs niederen Typs« von 3000 im Jahr 1952 auf 630000 im Jahr 1955. Rund 100 Millionen Bauern oder ein Viertel der damaligen Bevölkerung hatten sich damit in den »LPGs niederen Typs« zusammengeschlossen.

Zu dieser Zeit bestanden in der Volksrepublik China auch noch andere Probleme, die gelöst werden mußten: die Arbeitslosigkeit – jeder zweite Arbeiter auf dem

Land war ohne Beschäftigung – und die Landflucht. Beide zusammen sollte die Landwirtschaft lösen, indem sie arbeitslose Landarbeiter aufnahm. Damit war der Übergang zu einer »LPG niederen Typs« gefordert, was in China den Wechsel von einer privaten Eigentumsform zu einer Gemeineigentumsform mit sich brachte.
Im Oktober 1955 wurden nach heftigen Diskussionen innerhalb der Partei die »Beschlüsse über die Vergenossenschaftlichung der Landwirtschaft« angenommen. Bis Ende 1956 waren 89,5 Prozent der bäuerlichen Haushalte, über 500 Millionen Bauern, in »LPGs höheren Typs« zusammengeschlossen. Der Anteil der »Organisationen für gegenseitige Hilfe« ging auf 4,8 Prozent und der der »LPGs niederen Typs« auf 8,7 Prozent zurück. Die Kollektivierung setzte sich rascher durch, als die Partei erwartet hatte: Nach ihren Plänen sollte zwischen 1953 und 1957 nur ein Drittel der bäuerlichen Haushalte in Genossenschaften umgewandelt werden, tatsächlich waren es zu diesem Zeitpunkt aber bereits 98 Prozent.
Die Kollektivierung der chinesischen Landwirtschaft bedeutete in erster Linie eine Vergrößerung der Ackerfläche: Während eine »LPG niederen Typs« mit durchschnittlich zehn bis 50 Haushalten 37,5 Hektar Boden bewirtschaftete, umfaßte die »LPG höheren Typs« 100 bis 160 Haushalte, zu denen ein durchschnittlicher Landbesitz von 153 Hektar gehörte. Damit waren die Voraussetzungen für eine Steigerung der Produktion sowie für eine Modernisierung der Landwirtschaft gegeben. So stieg der Anteil der bewässerten Kulturfläche in China von 28,6 Prozent (1956) auf 31 Prozent (1957).
Doch trotz der nicht zu übersehenden Fortschritte gab es auf dem Land eine Reihe von Hindernissen, wie un-

terschiedliche Bodenfruchtbarkeit und Geländeformation sowie fehlende Infrastruktur, die den Ausbau der Landwirtschaftsbetriebe zu optimalen Größen beschränkten. Zudem standen häufig die autonome Wirtschaftsführung der LPGs und die staatliche Verwaltung der Gemeinde bei der Planung im Widerspruch zueinander.
Um diese Konflikte zu lösen, wollte man Produktionseinheiten schaffen, die sowohl politische als auch wirtschaftliche Probleme lösen sollten. Hinzu kamen gesellschaftliche Aufgaben, wie der Ausbau des Gesundheits- und Erziehungswesens, so daß die Gründung einer Organisation, die politische, wirtschaftliche und gesellschaftliche Ziele übernehmen und durchführen sollte, nahe lag. Mit der Gründung der Volkskommunen im Jahre 1958 durch den Zusammenschluß von »LPGs höheren Typs« wurde dieses Ziel angestrebt. Grundlage für die weitere Mechanisierung und Steigerung der Produktion in der Landwirtschaft wurde damit die Kollektivierung.

Ab 1958 wurden schrittweise 740000 LPGs in Volkskommunen umgewandelt. Anfang September betrug ihre Anzahl in China 8730, am Ende des Monats 26425 und Ende Dezember 26578. Als eine völlig neue gesellschaftliche Organisation, in der politische, wirtschaftliche, militärische und kulturelle Aufgaben zusammengefaßt waren, wurde die Volkskommune zur untersten regionalen Verwaltungseinheit in China. Neben dem Parteikomitee lag die Führung beim Revolutionskomitee, dessen Unterabteilungen nicht nur für die Landwirtschaft, sondern auch für Industrie, Handel, Gesundheits- und Bildungswesen sowie für die Polizei die Verantwortung übernahmen.

Die wesentlichste Veränderung innerhalb der Volkskommunen war die im August 1959 eingeführte neue Eigentumsverfassung, mit der der Besitz von Produktionsmitteln und Produktionsflächen an Produktionsbrigaden überging. Die Volkskommunen änderten dadurch ihren Charakter als homogene Produktionseinheit. Das Kollektiveigentum, bislang wichtigstes Merkmal der Volkskommune, wurde in ein dreistufiges Eigentumssystem gegliedert: in das Eigentum der Volkskommune, das der Produktionsbrigaden und das der Produktionsgruppen.
Der ideologische Anspruch der Volkskommunen wurde bereits im Dezember 1968 in einem Beschluß des Zentralkomitees der Kommunistischen Partei Chinas wieder reduziert – mit dem Hinweis auf die Aufgabe, den wirtschaftlichen Aufbau des Landes zu beschleunigen. Durch das Management der einzelnen Brigaden, die sich im Laufe der Zeit spezialisiert hatten, waren die Volkskommunen in der Lage, Unternehmungen und Aufgaben anzupacken, die die Möglichkeiten der ehemaligen LPGs oder einzelner Brigaden überschritten. Durch die Verbindung aus Wirtschaftsorgan und staatlichem Machtapparat konnten auf regionaler Ebene Reparaturwerkstätten, Düngemittelfabriken, Wasserkraftwerke, Versuchsfarmen, Schulen und Krankenhäuser errichtet werden.

Zu den Aufgaben von Produktionsbrigaden gehörte es beispielsweise, für die Landwirtschaft Staubecken oder Wasserleitungen zu bauen, Betriebe zur Verarbeitung von landwirtschaftlichen Produkten zu errichten sowie Obstgärten anzulegen. Darüber hinaus konnten sie auch Aufgaben lösen, die wegen der betriebswirtschaft-

Fläche für maschinellen Anbau und Bewässerung (10.000 Hektar)

Jahr	Landwirtschaftsfläche mit Maschineneinsatz in großtechnischem Maßstab	Bewässerte Gebiete		Anteil der mit Pumpen bewässerten Fläche in Prozent
		Gesamtfläche	davon: mit Pumpen bewässert	
1952	13,6	1.995,9	31,7	1,6
1957	263,6	2.733,9	120,2	4,4
1965	1.557,9	3.305,5	809,3	24,5
1978	4.067,0	4.496,5	2.489,5	55,4
1979	4.221,9	4.500,3	2.532,1	56,3
1980	4.099,0	4.488,8	2.531,5	56,4
1981	3.647,7	4.457,4	2.523,1	56,6
1982	3.511,5	4.417,7	2.514,5	56,9
1983	3.357,2	4.464,4	2.526,5	56,6
1984	3.492,2	4.445,3	2.506,2	56,4

lichen Belastungen von Einzelunternehmen kaum bewältigt werden konnten, für eine größere Gemeinschaft aber lebenswichtig sind: Eine dieser Aufgaben war der Schutz natürlicher Ressourcen.
Ein Beispiel dafür lieferte in den 50er Jahren die Produktionsbrigade Xiadingjia im Nordosten der Provinz Shandong inmitten von felsigen Berghängen und Hügeln, die rund 50 Prozent des gesamten Areals einnahmen. Vor der »Befreiung« waren alle Hügel kahl und unbebaut; die Bodenerosion stellte die Landwirtschaft vor große Probleme. Nach 1949 hatten sich zwar einige Bauern bemüht, Bäume an den Abhängen zu pflanzen, waren jedoch nicht in der Lage gewesen, ein großes Gebiet aufzuforsten. Zudem mußten Terrassenfelder zur Sicherung des Bodens angelegt werden. Erst nach der Gründung der Volkskommune konnten die vereinzelten Bemühungen zur Aufforstung koordiniert werden. Außerdem wurden Steinblöcke, die in einem nahen Steinbruch gewonnen und verkauft wurden, nach einer Abstimmung in der Kommune dazu benutzt, Terrassenfelder zu bauen, um auf lange Sicht die Getreideproduktion zu sichern. Eine Brigade arbeitete einen umfassenden Plan aus, und nach mehr als einem Jahrzehnt Arbeit begannen in diesem Gebiet Wälder und ertragreiche Obstkulturen zu gedeihen, wo vorher nur Sand und Steine gewesen waren. Auf den Felsenhügeln und an den steilen Abhängen wurden Kiefern und Pappeln gepflanzt und so die Bodenerosion unter Kontrolle gebracht. An den flacheren Hängen und in den Tälern wuchsen Birnen-, Aprikosen-, Pfirsich- und Apfelbäume, wo die Erdschicht stark genug ist, wurden Terrassenfelder angelegt. Auf diesen stieg die Getreideernte pro Hektar von 1,5 Tonnen (1950) auf neun Tonnen (1973).

Düngemittelverbrauch, Pumpstationen für Bewässerung, Stromverbrauch

Jahr	Düngemittel-verbrauch (10.000 Tonnen)	Pumpstationen		Stromverbrauch in ländlichen Gebieten (100 Millionen kWh)
		Anzahl	Leistung (10.000 kWh)	
1952	7,8	98	0,8	0,5
1957	37,3	544	2,0	1,4
1965	194,2			37,1
1978	884,0	82.387	223,4	253,1
1979	1.086,3	83.224	276,3	282,7
1980	1.269,4	80.319	304,1	320,8
1981	1.334,9	74.017	336,0	369,9
1982	1.513,4	66.256	353,0	396,9
1983	1.659,8	62.328	346,3	435,2
1984	1.739,8	62.377	553,5	464,0

Ein »Nationales Programm für die landwirtschaftliche Entwicklung« gab in 40 Punkten den Kommunen allgemeine Ziele vor, die je nach örtlichen Bedingungen und vorhandenen Ressourcen bewertet wurden: Düngemittelerzeugung, stärkerer Einsatz von Landmaschinen, Ausdehnung des Mehrfachanbaus, Ausbau von Bewässerungsanlagen, Einsatz intensiverer Kultivierungsmethoden, Aufzucht von Arbeitsvieh, Aufforstungs- und Erosionsschutzmaßnahmen, Verbesserung des Bodens und Kampf gegen Pflanzenschädlinge und Pflanzenkrankheiten.

Die Reform: Freies Spiel der Kräfte

Das Ende der Volkskommune, des Kernstücks der Revolution von Mao Zedong und wohl eines der größten sozialen Experimente der Menschheitsgeschichte, leiteten ab 1978 die Reformer in Beijing ohne großes Aufheben ein. Die Umgestaltung der chinesischen Landwirtschaft ab diesem Zeitpunkt vollzog sich am Anfang ohne weitere Diskussionen, die Übernahme von Geräten, Vieh und Boden aus dem kollektiven Eigentum in den Privatbesitz von rund 800 Millionen chinesischen Bauern erfolgte nahezu lautlos. Die Volkskommunen, in denen die Bauern nach zentraler Planung und Arbeitsorganisation und mit kollektiveigenen Geräten in Brigaden das Land bestellt hatten, wurden aufgelöst, und statt dessen bekam jede Familie – je nach Anzahl der Arbeitskräfte – ein Stück Boden. Sie mußte sich gegenüber dem Staat vertraglich verpflichten, eine gewisse Menge Getreide oder Gemüse, durchschnittlich 20 Prozent, zu einem festen Preis abzuliefern; was darüber hinaus produziert wird, darf der Bauer frei verkaufen. Er trägt allerdings auch das Risiko einer schlechten Ernte und fallender oder steigender Marktpreise. Formal blieb der Boden Gemeindeeigentum, doch wie die Familien das Stück Land, das sie bekamen – zunächst ein Drittel Hektar pro Kopf oder ein Zehntel Hektar in Reisanbaugebieten – nutzen würden, blieb ihnen überlassen.

Erst als sich der wirtschaftliche Erfolg auch in der Praxis einstellte, fand die Landreform, die in China auch einherging mit einer Öffnungspolitik, außerhalb der Volksrepublik als »Modell für die gesamte Dritte Welt« größere Beachtung. Selbst die UN-Ernährungs- und Landwirtschaftsorganisation FAO gab eine Broschüre mit dem Titel »Learning from China« heraus, in der China als großartiges Vorbild für »Integrierte ländliche Entwicklung« vorgestellt wurde. China wurde den Lesern als ein Land präsentiert, in dem die »Grundbedarfsstrategie« erfolgreich verwirklicht worden war.

Bis Ende 1982, vier Jahre nach Beginn der Reform im Jahre 1979, hatte der landwirtschaftliche Produktionswert eine durchschnittliche Wachstumsrate von 7,5 Prozent pro Jahr zu verzeichnen. In den 26 Jahren zwischen 1953 und 1978 betrug sie dagegen nur 3,2 Prozent. Von 1978 bis 1982 stieg die Produktion bei Getreide um 16 Prozent auf 353 Millionen Tonnen, bei Baumwolle um 66 Prozent auf 3,6 Millionen Tonnen und bei ölhaltigen Früchten um 126,5 Prozent auf 11,8 Millionen Tonnen. Genauso rasch nahm das Einkommen der Bauern zu: 1982 lag das durchschnittliche Pro-Kopf-Einkommen bei 270,11 Yuan, 134 Yuan oder 92,7 Prozent mehr als 1978. Davon kamen 116,2 Yuan aus der kollektiven Verteilung und der Rest aus der Bewirtschaftung von privat genutzten Parzellen oder aus häuslichen Nebenerwerbstätigkeiten. In einigen Gebieten hatten die Fortschritte dazu geführt, daß sich die Bauern mit Nahrungsmitteln, Kleidung, Wohn- und Gebrauchsartikeln wesentlich besser selbst versorgen konnten als vorher.

Von den zahlreichen politischen Richtlinien und Maßnahmen war die Durchsetzung des Systems der »vertragsgebundenen Verantwortlichkeit auf der Basis der Haushalte« die wichtigste. Gemeint sind damit Bewirtschaftungsmethoden in Form von Verträgen, an denen drei Parteien beteiligt sind: Staat, Kollektiv und Bauernhaushalte. Die Produktionsgruppen bekommen vom Staat ausgearbeitete Anbaupläne und sind verpflichtet, entsprechend den zwischen ihnen und den Bauernhaushalten unterzeichneten Verträgen den letzteren Ackerland zum Anbau, Zugtiere sowie mittelgroße und kleine Landwirtschaftsgeräte zur eigenen Verwendung zur Verfügung zu stellen, wobei die Bewirtschaftung auf der Basis der einzelnen Haushalte stattfindet, das Ackerland aber weiterhin dem Kollektiv gehört. Alle großen Landmaschinen und Wasserbauanlagen werden einheitlich vom Kollektiv, das den Namen Produktionsgruppe bekam, verwaltet und verwendet. Die Bauern dagegen verpflichten sich, Steuern zu zahlen und dem Staat eine festgelegte Menge der Produkte zu einem festen Preis zu verkaufen (durchschnittlich 20 Prozent).
Die Bauern bekamen damit größere Entscheidungsfreiheiten für die Bewirtschaftung ihrer Felder eingeräumt, das blinde Herumkommandieren in der Produktion wie zu Zeiten der Volkskommune hatte ein Ende.

Innerhalb weniger Jahre hat diese Landreform das Gesicht zahlreicher Dörfer und Provinzen verändert. So schützt heute Danzhou, eine von 45 Gemeinden im Kreise Changde, ein langer Deich am Nordufer des Flusses Yuangjiang. Dahinter dehnen sich grüne Felder aus, die von Wegen in nebeneinander liegende Rechtecke aufgeteilt werden. Gelber Raps und Orangenhaine sowie Reisfelder bilden die Kulisse für eine typisch südchinesische und ländliche Szene in der Provinz Hunan. Bürgermeister Qui Guoshun erinnert sich an die Zeit vor der Reform: »Während der Erntezeit habe ich jedem in der Brigade die Arbeit zugeteilt; frühmorgens mußte ich dann in die Häuser der Brigademitglieder gehen und jeden drängen, zur Arbeit zu kommen.«
Heute sei das anders. Die Bauern würden selbst entscheiden, was sie auf ihren Feldern pflanzen, und begännen viel früher mit dem Säen als in der Ära der Volkskommune.
Um Zeit zu gewinnen, werden Reissetzlinge unter Plastikplanen gezogen. Die Haupternte aus den Feldern und Teichen von Danzhou sind Reis und Fische. Der Ort hat 24574 Einwohner, aber nur 25300 Mu Anbaufläche. Trockenheit und Überschwemmungen führten in der Gemeinde bis kurz nach der »Befreiung« immer wieder zu Ernteverlusten, und erst als man in den landwirtschaftlichen Produktionsgenossenschaften dazu überging, gemeinsam die Dämme zu verstärken und zu verlängern und Bewässerungsgräben mit Pumpstationen zu bauen, wurden die Ernteerträge sicherer und höher. Doch die Bauern räumen durchaus offen ein, damals unter der »ultralinken Politik« der Kader gelitten zu haben, die Parteifunktionäre hätten »zu viel Wert auf die Getreideproduktion gelegt«. Orangenhaine wurden

zerstört und in Reisfelder umgewandelt; Bauern, die sich nebenbei etwas zu verdienen versuchten, wurden als Kapitalisten gebrandmarkt.
Es ging zwar aufwärts, doch der entscheidende Sprung fand 1979 statt, als in der Gemeinde das Verantwortungssystem eingeführt wurde. Der gesamte landwirtschaftliche und industrielle Produktionswert stieg von 9,4 Millionen Yuan (1979) auf 26,4 Millionen Yuan im Jahre 1986. Umgerechnet nahm das Pro-Kopf-Einkommen der Dorfbewohner von 112 auf 625 Yuan zu.

In zwei Phasen hat sich die Reform bis 1987 in Danzhou entwickelt. Der erste Schritt war das vertragsgebundene Verantwortungssystem für die Bauernhaushalte. Die 20000 Mu Ackerland der Gemeinde wurden 1979 an die Familien verteilt, ausgehend davon, wie viele Menschen in einem Haushalt leben und wie fruchtbar der zugeteilte Boden ist. Durchschnittlich bekam jeder Einwohner ein Mu (0,15 Hektar) Ackerland zugeteilt, das zwar nach wie vor dem Kollektiv gehörte, doch nach freiem Ermessen des »Pächters« bestellt wurde. Von den Ernteerträgen mußte jede Familie eine Landwirtschaftssteuer zahlen, eine vertraglich vereinbarte Menge Getreide an den Staat verkaufen sowie einen Teil an die Gemeinde abführen.
»Das motivierte viele«, so Qiu Guoshun, »einige Bauern schafften in drei Monaten die gleiche Arbeit, für die sie zu Brigade-Zeiten ein Jahr gebraucht hatten.« Aufgrund der Bewässerungsanlagen, die zu Zeiten der Volkskommune gebaut worden waren, erzielten die Bauern in den ersten Jahren der Reform Rekordernten.

Ernteerträge der Hauptanbaupflanzen (in 10.000 Tonnen)

Jahr	Jute	Zuckerrohr	Rüben	Seide (Maulbeerbäume)	Tee	Tabak
1949	3,7	264,2	19,1	3,1	4,1	4,3
1952	30,6	711,6	47,9	6,2	8,2	22,2
1957	30,1	1.039,2	150,1	6,8	11,2	25,6
1965	27,9	1.339,1	198,4	6,6	10,1	37,2
1978	108,8	2.111,6	270,2	17,3	26,8	105,2
1979	108,9	2.150,8	310,6	21,3	27,7	80,6
1980	109,8	2.280,7	630,5	25,0	30,4	71,7
1981	126,0	2.966,8	636,0	25,2	34,3	127,9
1982	106,0	3.688,2	671,2	27,1	39,7	184,8
1983	101,9	3.114,1	918,2	26,8	40,1	115,1
1984	149,2	3.951,9	828,4	30,6	41,4	154,3

Die zweite Phase der Landwirtschaftsreform begann in Danzhou 1985. Der entscheidende Punkt war der Wechsel vom staatlichen Monopol für den Kauf und Verkauf von Getreide und Baumwolle bei festgesetzten Preisen zu einem System, bei dem ein Teil der Ernten den Bauern per Vertrag abgekauft wurde. Aufgrund der Verträge, die bereits vor der Aussaat abgeschlossen worden waren, konnten die Bauern ihre Ernte auf den Getreide- und Baumwollfeldern an den Staat verkaufen oder aber auch auf den freien Märkten.
Zusätzlich kam mit der zweiten Reformphase die Diversifizierung, die Vielfalt beim Anbau, mit der das bisherige Schwergewicht auf der Getreideproduktion abgeschafft wurde. Heute werden in Danzhou vor allem drei Produkte geerntet: Reis, Orangen und Baumwolle. Zusätzlich pflanzen die Bauern Hanf, Tabak und Gemüse, züchten Fische, Schweine, Hühner, Schafe und Kühe. In der Gemeinde entstanden 430 Unternehmen wie Fabriken, die die Ernte verarbeiten, Baumateriallager, Bau- und Transportunternehmen und Werkstätten, in denen Bambus geflochten wird.
Das Ziel ist, so Qiu Guoshun, daß die Bauern sich nicht nur selbst ernähren, sondern auch die Produktion von Waren vorantreiben. Ergebnis ist bislang, daß mehr Güter auf den Markt gebracht werden und die Produktion selbst effizienter geworden ist.

Nach acht Jahren, im Juni 1987, zog Gao Shangquan, der stellvertretende Vorsitzende der staatlichen Kommission für die Reform der Wirtschaftsstruktur, eine Bilanz der Wirtschaftsreform für die Jahre 1979 bis 1986. Mit der Einführung der vertragsgebundenen Verantwortlichkeit auf der Basis der Haushalte wurden in den

Ernteerträge der Hauptanbaufrüchte (in 10.000 Tonnen)

Jahr	Früchte gesamt	davon:				
		Äpfel	Zitrusfrüchte	Birnen	Trauben	Bananen
1949	120.0					
1952	244.3	11.8	20.7	39.4	4.8	11.0
1957	324.7	22.2	32.2	50.4	8.5	7.3
1965	323.9	31.8	25.4	51.1	10.0	14.5
1978	657.0	227.5	38.3	151.7	10.4	8.5
1979	701.5	286.9	55.5	143.8	12.6	7.4
1980	679.3	236.3	71.3	146.6	11.0	6.1
1981	780.1	300.6	79.8	159.3	14.8	12.6
1982	771.3	243.0	93.9	175.5	18.6	20.1
1983	948.7	354.1	129.6	179.5	24.7	20.7
1984	984.5	294.1	149.9	210.0	29.4	30.0

ländlichen Gebieten die Volkskommunen abgeschafft, ihre Aufgaben von den Gemeinderegierungen übernommen und damit die Beziehungen zwischen dem Kollektiv und den Bauern neu geordnet. Die Ankaufspreise für Agrar- und Nebengewerbeprodukte wurden erhöht und die landwirtschaftliche Produktionsstruktur neu bestimmt.

Durch diese politischen und wirtschaftlichen Maßnahmen stieg das Pro-Kopf-Realeinkommen der Bauern in den acht Jahren auf das 1,6fache. Der Anteil an der Gesamtproduktion Chinas von Forstwirtschaft, Viehzucht, Nebengewerbe einschließlich ländlicher Industrie und Fischerei betrug 1986 51 Prozent. Zwischen 1978 und 1986 sank der Anteil der volkseigenen Wirtschafts- und Staatsbetriebe am industriellen Produktionswert von 80 Prozent auf 70 Prozent, während sich im Gegenzug der Anteil der kollektiven Wirtschaftsunternehmen von unter 20 Prozent auf 28 Prozent erhöhte und der Anteil der privaten Wirtschaftsbereiche von null auf zwei Prozent stieg. 1986 entsprach der Produktionswert der kollektiveigenen Industrieunternehmen dem der volkseigenen Industrieunternehmen im Jahre 1975. Der Anteil des staatlichen Handels am Einzelhandelsumsatz sank von 90 Prozent im Jahre 1978 auf 40 Prozent im Jahre 1986, während sich der des kollektiveigenen Handels einschließlich des Anteils von Versorgungs- und Absatzgenossenschaften von 7,4 Prozent auf 36 Prozent und der des privaten Handels von zwei Prozent auf 24 Prozent erhöhte. Einige Städte führten in dieser Zeit neue Bewirtschaftungsformen ein, wie die Betriebsübernahme auf Vertragsbasis, Leasing oder gegenseitige Aktienbeteiligung von verschiedenen Wirtschaftseinheiten.

Ernteerträge der Hauptanbaufrüchte (in 10.000 Tonnen)

Jahr	Getreide	davon:				
		Reis	Weizen	Mais	Soja	Knollengewächse
1949	11.318	4.865	1.381		509	985
1952	16.392	6.843	1.813	1.685	952	1.633
1957	19.505	8.678	2.364	2.144	1.005	2.192
1965	19.453	8.772	2.522	2.366	614	1.986
1978	30.477	13.693	5.384	5.595	757	3.174
1979	33.212	14.375	6.273	6.004	746	2.846
1980	32.056	13.991	5.521	6.260	794	2.873
1981	32.502	14.396	5.964	5.921	933	2.597
1982	35.450	16.160	6.847	6.056	903	2.705
1983	38.728	16.887	8.139	6.821	976	2.925
1984	40.731	17.826	8.782	7.341	970	2.848

Immer mehr Unternehmen wurden selbständiger und ihre Entscheidungsbefugnisse erweitert. Von 1979 bis 1986 erließ der Staatsrat 13 Bestimmungen mit insgesamt 97 Punkten, durch die die Erweiterung der Entscheidungsbefugnisse in Unternehmen und ihre Verpflichtungen, Rechte und Interessen als relativ unabhängige Warenproduzenten klar festgelegt wurden. Die Unternehmen lösten sich damit immer mehr von den Vorgaben der Verwaltungen, die Ablieferung der Gewinne an den Staat wurde durch die Einrichtung von Körperschaftssteuern und anderen Steuern geregelt. Der Anteil des Gewinns am Gesamtgewinn der Unternehmen, den die einzelnen Betriebe selbst behalten können, stieg von 3,7 Prozent im Jahre 1978 auf 42,4 Prozent 1986. Nach Abzug von Energie- und Verkehrssteuern, Bausteuern, und »Gebühren für Bildung« betrug dieser Gewinnanteil immerhin noch 25 Prozent. Innerhalb der Unternehmen wurde das Verantwortlichkeitssystem der Fabrikdirektoren als Hauptreform eingeführt. Von dem Prinzip ausgehend, daß das Eigentumsrecht und das Bewirtschaftungsrecht voneinander getrennt werden sollen, wurden versuchsweise das Verantwortlichkeitssystem für Wirtschaftsführung in verschiedenen Formen durchgeführt und die Reform der Betriebsführung gefördert. Laut vorläufigen statistischen Angaben wurden bis Ende 1986 diese Systeme in mehr als 3000 staatlichen industriellen Unternehmen eingeführt.

Mit der ersten Reform bemühten sich die Politiker, für die Landwirtschaft die Wirkungsweise der Marktmechanismen zu verstärken. Der in den Volkskommunen eingesetzte Direktivplan für die Anbaufläche und den

Ernteerträge der Hauptanbaufrüchte (in 10.000 Tonnen)

Jahr	Baumwolle	Ölfrüchte	davon:		
			Erdnüsse	Raps	Sesam
1949	44,4	256,4	126,8	73,4	32,6
1952	130,4	419,3	231,6	93,2	48,1
1957	164,0	419,6	257,1	88,8	31,2
1965	209,8	362,5	192,8	108,9	25,6
1978	216,7	521,8	237,7	186,8	32,2
1979	220,7	643,5	282,2	240,2	41,7
1980	270,7	769,1	360,0	238,4	25,9
1981	296,8	1.020,5	382,6	406,5	51,0
1982	359,8	1.181,7	391,6	565,6	34,2
1983	463,7	1.055,0	395,1	428,7	34,9
1984	625,3	1.191,0	481,5	420,5	47,6

Ertrag von Getreide, Baumwolle und anderen wichtigen Agrarprodukten wurde durch einen Anleitungsplan ersetzt. Die Zahl der Produkte, die bislang von der staatlichen Planungskommission in dem Direktivplan festgelegt worden war, verringerte sich von rund 120 im Jahre 1984 auf rund 60 im Jahre 1987.
Zugleich wurde auch der Handel liberalisiert: Die Anzahl der Produkte, die unter planmäßiger Verwaltung des Handelsministeriums standen, wurde von 188 (1979) auf 23 im Jahre 1986 herabgesetzt. Nach der Erfüllung der vom Staat festgelegten Planziffern dürfen Unternehmen die über das Plansoll hinausproduzierten Produkte auf eigene Rechnung verkaufen. Die Folge: Ein steigendes Warenangebot machte die Rationierung von 44 landwirtschaftlichen Produkten, mit Ausnahme von Getreide und Speiseöl, überflüssig. Auch die Zahl der wichtigsten Agrarprodukte, die vom Staat zu einem festgelegten Preis abgekauft werden, verringerte sich von 113 auf 25, deren Anteil am gesamten Umsatzvolumen beträgt nur noch 30 Prozent. Die übrigen 70 Prozent der Ernten können zu Preisen, die sich aus Nachfrage und Angebot auf dem Markt ergeben, angekauft oder abgesetzt werden.
1985 wurden in den Städten die Preise für Gemüse, Fleisch, Geflügel, Eier und andere Lebensmittel freigegeben. Die Folge: Qualität und Quantität der Produkte wurden gesteigert, wobei der Staat gleichzeitig sparte, denn die bis dahin gewährten Subventionen für Gemüse verringerten sich von 1,2 Milliarden Yuan (1984) auf 700 Millionen Yuan (1986).

Als 1984 neue Regelungen für Lohnerhöhungen getroffen und Prämiensysteme wieder eingeführt wurden,

Erträge an Meeresfrüchten und Fisch (in 10.000 Tonnen)

Jahr	Gesamt	aus Salzwasser	aus Süßwasser
1949	45		
1952	167	106	61
1957	312	194	118
1965	298	201	97
1978	466	360	106
1979	431	319	112
1980	450	326	124
1981	461	323	138
1982	516	360	156
1983	546	362	184
1984	619	394	225

verlor das Prinzip »Alle essen aus einem Topf« und der »Eiserne Reisnapf« an Bedeutung.
Unternehmen erhielten größere Entscheidungsbefugnis bei der Einteilung ihrer Prämien. In der zweiten Jahreshälfte 1985 wurde in allen drei Wirtschaftssektoren die Zahl der Lohngruppen von mehr als 300 auf 15 verringert.
Diesen Maßnahmen in der Innenpolitik Chinas, durch ein neues Finanz- und Steuersystem sowie durch eine Reform des Bankenwesens und der Geldmärkte ergänzt, folgte der Ausbau der wirtschaftlichen, technischen und Handelsbeziehungen mit dem Ausland.
Ab 1979, als der Staat die Öffnung nach außen als grundlegende Politik festlegte, unternahm China drei spezielle Schritte: 1980 erhielten die Provinzen Guangdong und Fujian besondere politische Richtlinien, um die Wirtschaft zu stärken. In Shenzhen, Zhuhai, Shantou und Xiamem wurden Wirtschaftssonderzonen eingerichtet. 1984 bekamen 14 Küstenstädte und der Verwaltungsbezirk Hainan die Erlaubnis, mit fremden Ländern zu handeln.
Als 1985 Ausländer das Yangtze- sowie das Choujiangdelta und den Süden der Provinz Fujian betreten durften, entstand ein Gebiet mit mehr als 200 Millionen Einwohnern, das über 50 Prozent des landwirtschaftlichen und industriellen Bruttoproduktionswertes Chinas abdecken sollte.
Diese Gebiete übernahmen eine Modellrolle für die Entwicklung der chinesischen Volkswirtschaft: Bis Ende 1986 investierten Ausländer Beträge in Höhe von 20,6 Milliarden US-Dollar in 14000 technische Projekte und mehr als 7800 Gemeinschaftsunternehmen. Das Außenhandelsvolumen verdoppelte sich gegenüber der

Pro-Kopf-Erträge der wichtigsten landwirtschaftlichen Produkte (in Jin = 0,5 kg)

Jahr	Getreide	Baumwolle	Ölfrüchte	Schweine-, Rind- und Hammelfleisch	Fisch/ Meeresfrüchte
1949	418	1,64	9,47	4,1	1,7
1952	576	4,58	14,74	11,9	5,9
1957	612	5,15	13,17	12,5	9,8
1965	544	5,87	10,14	15,4	8,3
1978	637	4,53	10,91	17,9	9,7
1979	685	4,56	13,28	21,9	8,9
1980	653	5,52	15,68	24,6	9,2
1981	654	5,97	20,54	25,4	9,3
1982	703	7,14	23,45	26,8	10,2
1983	759	9,09	20,68	27,5	10,7
1984	791	12,14	23,12	29,9	12,0

Zeit vor der Reform. Gleichzeitig gründete China im Ausland 277 Gemeinschaftsunternehmen und Unternehmen mit chinesischem Eigenkapital. Mehr als 50 chinesische Gesellschaften schlossen Verträge über Bauprojekte im Ausland ab.

Insgesamt zeigt die Reform für die Wirtschaft Chinas zwischen 1979 und 1986 drei grundlegende Aufwärtsbewegungen:
Das wirtschaftliche Wachstum war stabil und stetig, die Finanzkraft Chinas ist gewachsen und der Lebensstandard der Bevölkerung hat sich – in einigen Gebieten – erhöht. Zwischen 1953 und 1978 wuchs der gesellschaftliche Bruttoproduktionswert im Durchschnitt jedes Jahr um 7,9 Prozent, die größte Jahreswachstumsrate betrug 32,7 Prozent, die kleinste minus 33,5 Prozent. Zwischen 1979 und 1986, nach dem Beginn der Reform, nahm der gesellschaftliche Bruttoproduktionswert im Durchschnitt jedes Jahr um 10,1 Prozent gleichmäßig zu; die höchste Jahreswachstumsrate belief sich auf 16,5 Prozent und die niedrigste auf 4,0 Prozent. Gleichzeitig stieg zwischen 1979 und 1986 das Nationaleinkommen durchschnittlich um 31,5 Milliarden Yuan im Vergleich zu nur 8,4 Milliarden Yuan zwischen 1953 und 1978. Im Vergleich zu den Werten von 1978 hat sich das Bruttosozialprodukt 1986 in China um 102 Prozent erhöht, das Nationaleinkommen um 95 Prozent und die Finanzeinnahme des Staates um 98 Prozent. Die Pro-Kopf-Nettoeinnahme der Bauern nahm von 134 Yuan (1978) auf 424 Yuan (1986) durchschnittlich zu, das verfügbare Haushaltseinkommen pro Person in der Stadt stieg von 316 Yuan auf 828 Yuan jährlich. Die Spareinlagen erhöhten sich in Stadt und Land von 21,06 Milliarden

Mechanisierung der Landwirtschaft: Mit dem Übergang vom System der Volkskommunen zur Privatwirtschaft ist in der Volksrepublik China der Bedarf an kleineren Traktoren sprunghaft angestiegen.

Ein Bauer aus der Provinz Sichuan wäscht sein Gemüse, bevor er es auf dem freien Markt verkauft.

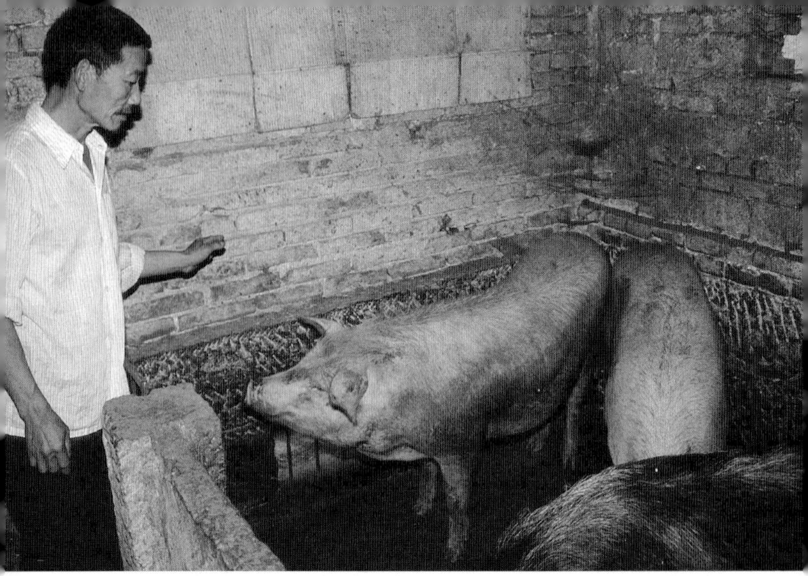

Als willkommener Nebenverdienst wird seit der Landwirtschaftsreform im Jahre 1979 auf zahlreichen Bauernhöfen die Schweinezucht betrieben. Das Fleisch wird auf den freien Märkten verkauft, der Gewinn verbleibt bei den Bauern.

Ernte für den freien Markt: Die neue Landwirtschaftspolitik vermochte nicht nur die Produktion zu steigern, sondern sorgte auch für eine Vielfalt im Anbau.

Neue Landwirtschaftstechniken, wie der Einsatz von Folien und der gleichzeitige Anbau von mehreren Gemüsesorten, ermöglichen zwei bis drei Ernten pro Jahr auf einem Feld.

Saatzucht in Handarbeit: Einzeln werden die Pflanzen bestäubt, um ertragsstärkere Sorten zu erhalten.

Freier Markt in Beijing: Die Bauern schätzen die höheren Preise in der Großstadt, die Stadtbewohner das abwechslungsreichere Angebot.

Nachfrage und Angebot bestimmen die Preise für Gemüse und Obst.

Der Vogelmarkt hat in China Tradition.

Straßenrestaurants, wie hier in Chongqing, sind im ganzen Land beliebt: Für fünf bis zehn Fen wird eine komplette Mahlzeit angeboten.

Jeder Quadratmeter Boden mit fruchtbarer Erde wird im Tal des Yangtze genutzt.

Im riesigen Speicherbecken sammeln die Bauern Regenwasser oder Flußwasser, das mit Pumpen aus dem Tal auf die Anhöhe befördert wird.

In vielen Ortschaften wurden die ersten Bewässerungsanlagen in der Ära der Volkskommunen gebaut: Die Gemeinschaftsleistung eines Dorfes, sowohl finanziell als auch durch gemeinsamen Arbeitseinsatz, ermöglichte landesweit den raschen Aufbau einer landwirtschaftlichen Infrastruktur.

Über ein Kanal- und Rohrsystem fließt das auf den Anhöhen gespeicherte Wasser wieder talwärts und bewässert die Felder.

Die Kühlbecken eines Kohlekraftwerkes dienen in Chongqing zur Fischzucht.

Futtermittel und warmes Wasser schaffen für die Fischzucht hervorragende Bedingungen.

Innerhalb weniger Jahre konnten die „Chongqinger Stadtfischer" ihre Netze mit drei- bis viermal mehr Fischen füllen, seitdem sie in Eigenregie die Kühlbecken bewirtschaften.

Zehn bis zwanzig Pfund schwere Fische sind das stolze Zuchtergebnis.

An beiden Ufern des Yangtze wurden dort Fabriken in die Landschaft gebaut, wo das Ufer den Schiffen eine Anlagemöglichkeit gibt. Schadstoffe in Luft und Wasser markieren seitdem die Kehrseite des industriellen Fortschritts: Natur- und Ressourcenzerstörung.

In zahlreichen Windungen hat sich der Yangtze im Laufe von Jahrtausenden ein Bett durch die Berge von Sichuan gegraben.

Schiffe sind auf den großen Flüssen Chinas auch heute noch das wichtigste Transportmittel.

Im Nebel verliert sich das gegenüberliegende Ufer des Yangtze bei Wuhan.

Die Expansion der Städte ging vor allem zu Lasten der Landwirtschaft: Im Einzugsgebiet von Ballungsräumen stehen auf landwirtschaftlichen Nutzflächen neue Wohnsiedlungen.

Immer mehr Bauern finden Arbeit in der Fabrik: Die Politik einer Industrialisierung des Landes hat aber nicht nur zu einem Rückgang der Arbeitslosigkeit auf dem Lande beigetragen, sondern auch die Umweltproblematik verschärft.

Mit zunehmendem Wohlstand stieg in China in den letzten zehn Jahren auch der Lebensstandard: Doch nicht alle Menschen haben gleichen Anteil daran; die Entwicklung hat auch zu einer Verschärfung der sozialen Unterschiede geführt.

Fernsehgeräteproduktion in Nangking: Gebrauchs- und Konsumartikel finden zunehmenden Absatz in der Volksrepublik.

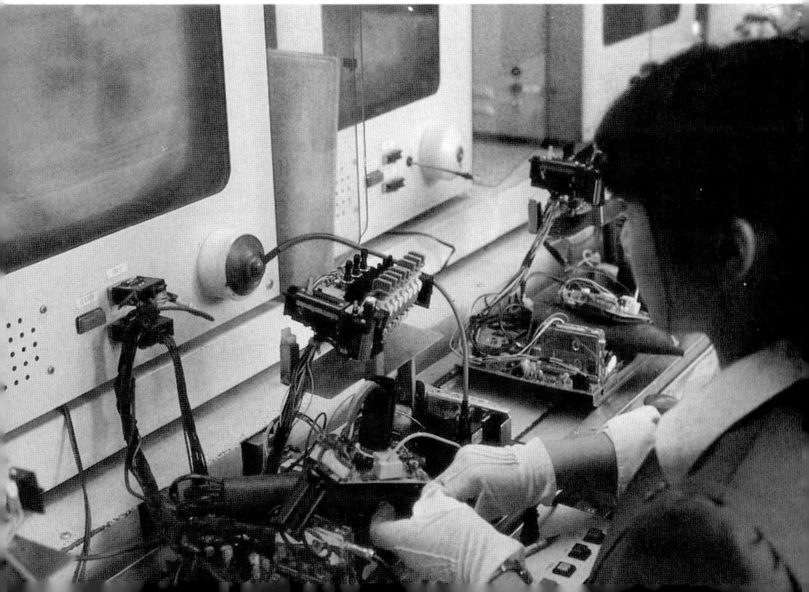

Die „Große Mauer“, Ziel eines jeden China-Touristen, ist auch bei den Einheimischen ein beliebter Ausflugsort.

Mit Bussen werden regelmäßig in China Betriebsausflüge zu historischen Stätten durchgeführt.

40 Jahre kommunistischer Herrschaft konnten in China die religiösen Wurzeln des Volkes nicht austrocknen: Im ganzen Lande gibt es heute wieder Kirchen und Klöster. Wie in Tianjin werden überall öffentlich in Buddhistenklöstern Räucherkerzen entzündet.

Die Kulturrevolution, einst bemüht, alles Historische und Bürgerliche zu vernichten, gilt heute in China als eine Entgleisung in der Geschichte: Ihr Ziel, das Volk umzuerziehen, wurde nicht erreicht; statt dessen ist heute stärker denn je bei den Einwohnern Chinas eine Begeisterung und Liebe für die eigene, auch feudalistische, Vergangenheit zu spüren.

Nicht nur Lebensmittel, sondern auch „geistige Nahrung" ist auf den freien Märkten Chinas erhältlich.

Frische und Qualität sind die Hauptkriterien, warum Stadtbewohner das Angebot der freien Märkte den oft preisgünstigeren Produkten der staatlichen Läden vorziehen.

Yuan (1979) auf 230 Milliarden Yuan im Jahre 1986. In diesem Zeitraum fanden auch 60 Millionen Menschen einen Arbeitsplatz, so daß die Arbeitslosenquote von 5,3 Prozent auf unter zwei Prozent sank.

Zahlen sind häufig umstritten, und sicherlich mag die eine oder andere offizielle Angabe aus Beijing von westlichen Wirtschaftsfachleuten mit Skepsis betrachtet werden, doch alle sind sich einig in der Einschätzung des Trends: In China zeigen die gesamtwirtschaftlichen Wachstumskurven nach oben – auch wenn damit über die Situation in einzelnen Provinzen nichts ausgesagt wird.

Die in den letzten Jahren veröffentlichten statistischen Angaben ermöglichen und erleichtern zwar eine Abschätzung des Wachstumsverlaufs in der Volksrepublik China, doch über die tatsächliche Lage sowie das heutige Leistungsniveau des Milliardenvolkes geben sie nur ungenau Auskunft. Denn in China ist alles uneinheitlich, was beispielsweise der statistische Vergleich zwischen der Wirtschaftszone Shanghai und den südwestlichen Provinzen Yunnan und Guizhou offenbart. Die Region um Shanghai mit rund 80 Millionen Einwohnern hat mit einem Sozialprodukt von über 1000 US-Dollar pro Einwohner einen Status erreicht, der nach dem international gebräuchlichen Begriff der Weltbank dem Status eines Schwellenlandes entspricht. Im Gegensatz dazu erwirtschaftete die Region Yunnan/Guizhou, wo rund 70 Millionen Menschen leben, nur ein Sozialprodukt von rund 150 US-Dollar pro Kopf der Bevölkerung. Zwischen beiden Regionen ergibt sich damit ein regionalwirtschaftliches Gefälle von nahezu 1:10.

Der Geist der Öffnung, der seit 1979 das Land erfaßt hat, schlägt sich nicht nur in Statistiken nieder, sondern auch im Denken der Menschen. Lebhaften Anschauungsunterricht liefert das offizielle Lehrbuch, mit dem Ausländer in China die Sprache erlernen. Zwar ist die erste Ausgabe nur gut fünf Jahre alt, doch mittlerweile kam eine völlig neu bearbeitete Auflage heraus. Bei einem Vergleich beider Auflagen fällt auf, daß der Ausdruck »Tongzhi«, Genosse, seltener gebraucht wird. Früher hat man jeden mit »Tongzhi« angeredet; jetzt lernt der Ausländer, daß man zu einer qualifizierten Arbeitskraft wieder »Shifu«, Meister, sagt.
Wer heute Chinesisch studiert, muß wesentlich mehr neue Wörter lernen, die eine stärkere soziale Differenzierung ausdrücken, als früher.

Freie Märkte: Der Sozialismus bekommt Farbe

Rund 7400 *Kentucky-Fried-Chicken*-Restaurants gibt es in 58 Ländern der Welt. Das größte hat Mitte November 1987 am »Platz des Himmlischen Friedens« in Beijing eröffnet, gegenüber dem Mausoleum von Mao Zedong. Der große Parteiführer würde sich sicherlich in seinem gläsernen Sarg umdrehen, sähe er, daß seine Chinesen nach fritierten Hühnerbeinen und -flügeln Schlange stehen. Nach amerikanischem Rezept werden hier täglich für rund 2000 Gäste rund 1300 Hühnchen verarbeitet und mit Ketchup serviert.
Das Unternehmen mit Investitionen von einer Million Dollar ist ein Joint-venture der US-Firma mit der Beijinger »Animal Production, Processing, Industry Company« und der Beijinger »Travel and Tourism Corpora-

Anzahl der Nutztiere (in 10.000 Stück)

Jahr	Gesamt	davon:					
		Zugtiere	Vieh + Büffel	Pferde	Esel	Maultiere	Kamele
1949	6.002		4.394	488	949,4	147,1	24,7
1952	7.646	5.142	5.660	613	1.180,6	163,7	28,5
1957	8.382	5.368	6.361	730	1.086,4	167,9	36,5
1965	8.421	4.322	6.695	792	743,8	144,7	44,8
1978	9.389	5.023	7.072	1.125	748,1	386,8	57,4
1979	9.459	5.029	7.135	1.115	747,3	402,3	60,4
1980	9.525	5.088	7.168	1.104	774,8	416,6	61,4
1981	9.764	5.471	7.330	1.097	841,5	432,5	62,8
1982	10.113	5.833	7.607	1.098	899,9	446,4	61,0
1983	10.350	6.125	7.808	1.081	944,9	459,3	56,4
1984	10.839	6.403	8.213	1.098	996,2	479,0	53,1

tion«, die auch fleißig die Touristen in das Fast-Food-Restaurant schickt, damit diese harte Währung an der Theke lassen.
Doch nicht nur ausländische Gäste suchen das Restaurant auf, sondern auch immer mehr Chinesen eilen unter den strengen Augen von Maos überlebensgroßer Statue in den westlichen Genußtempel, wo sie für ein »fried chicken« etwa sieben Yuan hinlegen müssen – soviel, wie ein Arbeiter an zwei Tagen verdient.

Zumindest in den Städten scheint es immer weniger ein Problem für die Chinesen zu sein, sich dann und wann ein kapitalistisches Vergnügen zu leisten. Doch auch ohne Fast-Food-Restaurant hat sich seit der Landwirtschaftsreform der Nahrungsmittelverbrauch in China in Teilbereichen grundlegend verändert.
Die staatliche Nahrungsmittelabteilung in Beijing beobachtet, daß die Bevölkerung immer mehr für Nahrungsmittel ausgibt, so daß es bereits die Hälfte der Ausgaben für die gesamten Lebenshaltungskosten ausmacht. Während Getreideprodukte weitgehend konstant in ihrem Preis bleiben, verteuern sich vor allem jene Angebote, die auf dem freien Markt gehandelt werden. Indiz für eine Änderung der Ernährungsgewohnheiten ist auch, daß der Verbrauch an Getreide nachgelassen hat, dafür der Bedarf an Weizenmehl und Reis, an Fleisch, Geflügel, Eiern und Fisch gestiegen ist.
Als Hinweis auf den wachsenden Wohlstand werten die Behörden, daß die Bedürfnisse differenzierter geworden sind: Es gibt zunehmend Nahrungsmittel speziell für Kinder und alte Menschen. In Gaststätten und Straßenrestaurants werden bevorzugt wieder lokale Spezia-

Fleischerträge und Anzahl der Schweine, Schafe und Ziegen

Jahr	Schweine-, Rind- und Hammelfleisch (10.000 Tonnen)	Geschlachtete junge Mastschweine (10.000 Stück)	Schweine (10.000 Stück)	Schafe und Ziegen (10.000 Stück)		
				Gesamt	Ziegen	Schafe
1949	220,0		5.775	4.235	1.613	2.622
1952	338,5	6.545	8.977	6.178	2.490	3.688
1957	398,5	7.131	14.590	9.858	4.515	5.343
1965	551,0	12.167	16.693	13.903	6.077	7.826
1978	856,3	16.110	30.129	16.994	7.354	9.640
1979	1.062,4	18.768	31.971	18.314	8.057	10.257
1980	1.205,4	19.861	30.543	18.731	8.068	10.663
1981	1.260,9	19.495	29.370	18.773	7.826	10.947
1982	1.350,8	20.063	30.078	18.179	7.522	10.657
1983	1.402,1	20.661	29.854	16.695	6.803	9.892
1984	1.540,6	22.047	30.679	15.840	6.321	9.519

litäten verzehrt, wie auch Fertiggerichte und Schnellimbisse steigende Absatzzahlen vorweisen. Kunden in den Geschäften verlangen auch immer häufiger nach Limonaden und Fruchtsäften, Bier und zum Teil auch nach Wein. Jugendliche gehen öfter in Restaurants, und beim Kauf von Lebensmitteln, so ein Mitarbeiter der staatlichen Nahrungsmittelabteilung, »spielen sowohl Qualität als auch Verpackungsart eine entscheidende Rolle«.

Die in den chinesischen Städten und Dörfern seit 1979 zunehmend auftauchenden freien Märkte haben diese Konsumfreudigkeit gestärkt und wesentlich zu dieser Entwicklung beigetragen. Vor allem im Einzugsbereich von Ballungsräumen hat sich das Einkaufsverhalten grundlegend verändert, es wird mehr Geld für Lebensmittel ausgegeben.

Nach einer Stichprobenuntersuchung in 106 Städten und 140 Kreisen betrugen die Ausgaben eines Stadtbewohners für Lebensmittel auf den freien Märkten im Jahr 1986 durchschnittlich 152,3 Yuan, 29,7 Prozent oder 32,8 Yuan mehr als im Jahr zuvor. Weiter ergab die Untersuchung, daß der Anteil für den Einkauf von Lebensmitteln auf den freien Märkten von 33,7 Prozent (1985) auf 36,4 Prozent im Jahre 1986 angestiegen war. In den Großstädten ist jedoch die Abhängigkeit von den freien Märkten nicht so stark wie in den kleineren Kommunen. In Ballungsräumen mit über einer Million Bewohnern erreichte der Ausgabenanteil, der auf Lebensmittel von den freien Märkten entfiel, 21,9 Prozent; in Städten von 500000 bis eine Million Einwohner betrug der Anteil 32,7 Prozent und in mittelgroßen Städten mit 200000 bis 500000 Einwohnern waren es 39,3 Prozent.

In Kommunen unter 200000 Einwohnern wurden sogar 45,8 Prozent der Lebensmittel auf dem freien Markt gekauft.

Der Anteil des auf dem freien Markt gekauften Gemüses an der Gesamtverkaufsmenge stieg von 41,7 Prozent (1984) auf 73,5 Prozent (1986), bei Schweinefleisch wurde der Absatz von 13,3 Prozent (1984) auf 51,6 Prozent (1986) gesteigert. Auch das Angebot von Eiern wurde von den Kunden angenommen: Der Anteil von 30,2 Prozent (1984) erhöhte sich bis 1986 auf 59,3 Prozent. 1984 kamen nur 16,8 Prozent der Produkte in einem Einkaufskorb, der den Durchschnittsverbrauch repräsentiert, vom freien Markt, 1986 waren es schon 36,4 Prozent.
Diese Entwicklung erhöhte in den Städten nicht nur das Angebot an Lebensmitteln, sondern förderte auch den Anspruch der Städter in Bezug auf Qualität. Der steigende Konsum führte aber auch zu einer Erhöhung der Marktpreise, so daß heute die Lebensmittelpreise zu einem wichtigen Faktor im Haushaltsbudget der Stadtbewohner geworden sind. 1986 stiegen die Preise auf den freien Märkten um 26,9 Prozent gegenüber 1984. Der Marktpreis bei Gemüse erhöhte sich um 32,4 Prozent, bei Fleisch, Geflügel und Eiern um 23 Prozent, bei Fisch und Garnelen um 36,9 Prozent und bei Obst um 37,4 Prozent. Das heißt, daß 1986 jeder Stadtbewohner im Durchschnitt 32,28 Yuan mehr für Nahrungsmittel ausgeben mußte als 1984. Dagegen stieg das Einkommen der Stadtbevölkerung, das 1986 pro Kopf 828 Yuan betrug, nur um 20,9 Prozent gegenüber dem Vorjahr, das Realeinkommen um 13 Prozent.

Die Städter konnten zwar bislang die Erhöhung der Preise für Lebensmittel auf dem freien Markt verkraften, doch die eigentlichen Gewinner dieses Nachfrage-Angebot-Spiels sind die Bauern. Einige von ihnen verdienen mittlerweile sogar so viel, daß sie mit dem Geld neu investieren.
Im »Huilongguanhotel« in Beijing sind die beiden festlich geschmückten Gästezimmer von bunten Lichtern erleuchtet. Auf den Betten stehen in kleinen Schälchen Erdnüsse, Wasserkastanien und Bonbons. Die Kellner heben ihre Gläser und prosten der Braut und dem Bräutigam zu: Die Hochzeit im chinesischen Stil wurde für zwei japanische Paare arrangiert. Doch dieses Hotel, in einem Randbezirk Beijings, ist kein japanisch-chinesisches Gemeinschaftsunternehmen, sondern es ist das erste Hotel, das von Bauern errichtet wurde. Seit seiner Eröffnung im Jahre 1978 wurde mehrmals das Management gewechselt und Einrichtung und Stil den Bedürfnissen von Touristen angepaßt: Bis November 1987 konnte man 400000 Gäste verzeichnen.

Impulse aus dem Labor

In der mongolischen Volksrepublik, wo Klima und Boden einer intensiven Landwirtschaft mit Getreide- und Gemüseanbau enge Grenzen setzen, wo weite Grassteppen aber Rindern und Schafen Nahrung bieten, ist die Viehzucht einer der wichtigsten Wirtschaftsbereiche der Region. Nach der Landwirtschaftsreform wurde vermehrt Viehzucht betrieben, so daß im Jahre 1986 insgesamt 22,6 Millionen Stück Vieh gezählt wurden, rund 58000 mehr als 1985. Doch mit der Einführung des

Verantwortungssystems alleine hatte diese Steigerung nicht erzielt werden können.
Anfang der 80er Jahre zeichnete sich eine Stagnation in der Entwicklung ab. Erste Ergebnisse der wissenschaftlichen und technischen Forschung sowie eine verstärkte Mechanisierung und die Einrichtung von Tierfarmen brachte die Wachstumskurve wieder in Schwung. So wurde zur Behandlung und Vorbeugung von Tierkrankheiten unter Mithilfe Ungarns eine biologisch-pharmazeutische Fabrik in einem Vorort Ulan Bators errichtet, wo insgesamt 78 Medikamente für Tiermediziner hergestellt werden. Zwölf davon wurden in den letzten fünf Jahren in China entwickelt, und die Maul- und Klauenseuche gehört heute in der Mongolei der Vergangenheit an. Auf Tierfarmen und in Staatsbetrieben wurden Rassen gezüchtet, die sich durch eine hohe Vermehrungsrate auszeichnen: 15 Prozent der Schafe, zehn Prozent der Ziegen und sieben Prozent der Rinder gehörten im Jahre 1987 bereits zu diesen hochwertigen Kreuzungen.
Die Einsicht, daß sich weitere Produktionssteigerungen nicht durch freie Märkte alleine ergeben, sondern auf die intensive wissenschaftliche Forschung angewiesen sind, führte zu einem Beschluß des Zentralkomitees der Mongolischen Revolutionären Volkspartei, mit dem Ziel, die Verbindung zwischen Forschung und Produktion vor allem in der Viehzucht zu stärken. Neue Forschungsstationen wurden errichtet, andere Forschungsinstitute erweitert, um Kapazität und Niveau zu erhöhen und den Forschungsbereich auszuweiten.

Eine jener Forschungsanstalten, aus der Impulse für die landwirtschaftliche Produktionssteigerung kommen, ist die Landwirtschaftsuniversität Nangking. Gegründet 1914, ist diese Einrichtung die älteste der insgesamt 50 Hochschulen, Fakultäten und Institute der Landwirtschaft in China. Angeschlossen an den Lehrbetrieb ist eine Farm mit einer Gesamtfläche von 7000 Mu und einer landwirtschaftlichen Nutzfläche von 5700 Mu.

Noch heute sind die Folgen der Kulturrevolution in Nangking zu spüren: Damals war die Universität in eine andere Stadt verlegt und damit der Lehrbetrieb unterbrochen worden. Zwar kehrte 1979 ein Großteil der Professoren wieder nach Nangking zurück, doch es fehlen immer noch in einigen Bereichen qualifizierte Mitarbeiter im Lehrerkollegium. 350 Dozenten, 250 Assistenten und 2500 Studenten sowie 500 Erwachsene, die hier in Abendkursen zu Landwirtschaftsberatern weitergebildet werden, haben weniger ein akademisches Interesse an der Natur, sondern eher zwei pragmatische Ziele: Sie wollen zum einen den bisherigen Wissensstand so rasch wie möglich an die Bevölkerung im Lande weitergeben und zum zweiten mit Hilfe der Wissenschaft Wege und Methoden finden, die Erträge auf den Feldern, in Fischteichen und in Viehställen zu steigern.

1987 waren mehrere Professoren damit beschäftigt, in der Provinz zwei Hühnerfarmen einzurichten. Die eine Farm verfügt über 500000 Hühner, die nur eine Aufgabe haben: Eier zu legen. Die andere Farm beherbergt 2,5 Millionen Hühner, die zum Verzehr auf den Markt kommen sollen. Und hier fängt auch die Forschungsarbeit der Universität an: Bislang wird das Federvieh mit gezüchteten Regenwürmern und Mischfutter, bestehend aus Mais und Reis, ernährt. »Das ist Verschwendung«, erklärt ein Professor, »wir müssen Tiere züchten, die hauptsächlich Gras fressen. Denn China hat

Steppen in einer Größenordnung von 230 Millionen Mu, die genutzt werden müssen.«

Stolz sind die Wissenschaftler in Nangking auf ihre Milchkühe: Innerhalb weniger Jahre hatten sie eine Herde von rund 8000 Kühen herangezüchtet, die nicht etwa auf dem Rasen der Hochschule weidet, sondern überwiegend in Privatbesitz ist und die Milcherzeugung am Ort zwischen 1984 und 1986 um rund zehn Prozent gesteigert hat. Zuvor hatte es kaum Milch gegeben, denn die Bauern besaßen fast nur Ochsen, um diese als Zugtiere auf dem Feld einzusetzen. An der Universität hat man die Ochsen dann mit Milchkühen gekreuzt und bereits in der ersten Generation neue Tiere geschaffen, die sowohl Milch – jährlich rund 2200 Liter – liefern, die aber auch stark genug sind, um für die Feldarbeit eingesetzt zu werden. »Vater« dieser Milch- und Arbeitskuh war das holländische Fleckvieh, das mit dem gelben chinesischen Rind gekreuzt worden war.
Der technische Vorgang dieser Kuhveredelung wurde mit Hilfe des Embryotransfers durchgeführt, da auf diese Weise bis zu zweimal jährlich Nachwuchs auf die Welt kommt. Das Ergebnis dieser Kreuzung fand bei den Bauern viel Anklang. Auch wenn die Milcherzeugung mit der der westlichen Hochleistungskühe nicht mithalten kann, so läßt sich doch die Milchproduktion insgesamt steigern.
Die Leistungsfähigkeit der »Produktionseinheit Kuh« kann aber auch auf andere Weise noch gesteigert werden: Derzeit arbeitet man in Nangking daran, durch Kreuzung von importiertem Vieh mit einheimischen Rassen Rinder zu züchten, die sich von Salzgras ernähren können. Denn China hat im Küstenbereich, wo die

Böden salzhaltig sind, weite Flächen zur Verfügung, die derzeit kaum landwirtschaftlich genutzt werden. Ziel ist es, sowohl Fleischvieh als auch Milchkühe für diesen Naturraum heranzuziehen.

Bis zur Einführung des Verantwortungssystems wurden vor allem in den Volkskommunen und den Brigaden große Landwirtschaftsmaschinen eingesetzt; danach stieg der Bedarf vor allem an kleineren Geräten, die von privaten Haushalten benutzt werden können. Um die Mechanisierung in der Landwirtschaft voranzutreiben, hat man an der Universität von Nangking eine eigene Abteilung geschaffen, um für kleinere Bauernhöfe Mehrzweckmaschinen zu entwickeln. So ist auf der Universitätsfarm der Standard der Mechanisierung sehr hoch, und um die Geräte nicht in den Arsenalen der Universität verstauben zu lassen, werden sie während der Saat- und Erntezeit auf Vertragsbasis an Haushalte verliehen.
Zwei weitere Lehrstühle bemühen sich, durch Saatzucht die Qualität von Sojabohnen zu verbessern und neue Pflanzensorten zu entwickeln, die gegen Schädlinge resistent sind, oder Weizenarten zu schaffen, die Trockenheit leichter ertragen als die bisherigen. »Der Veredelung von Saatgut kommt eine große Bedeutung zu«, erklärt ein Professor, »denn durchschnittlich wird alle drei bis vier Jahre das Saatgut in China gewechselt.« Durch Saatgutverbesserung zusammen mit einer Steigerung der Bodenqualität und Bewässerung lasse sich die Produktion um rund 30 Prozent auf den Äckern Chinas noch steigern.

Vom weltweiten wissenschaftlichen Betrieb lange Zeit

isoliert, hat China bei der Genforschung mittlerweile den Anschluß an die Gruppe der führenden Länder gefunden. 50 Millionen Mark hat das Entwicklungsland für die Förderung der Gen- und Biotechnik in seinem siebten Fünfjahresplan vorgesehen, doch langfristige Forschungsprogramme gehen vom Fünf- bis Zehnfachen der Summe aus. Nicht Selbstzweck und Ehrgeiz treibt die Forscher in Beijing, Shanghai, Nangking und Wuhan voran, sondern die Hoffnung, mit Hilfe der Gentechnik eines der dringendsten Probleme zu lösen: die Ernährung von über einer Milliarde Menschen bei begrenzten Produktionskapazitäten. Bislang spektakulärstes Ergebnis im Ringen um das tägliche Brot: Karpfen, die durch Einpflanzung menschlicher Wachstumsgene um ein Vielfaches größer werden als ihre natürlichen Artgenossen.

1975, zwei Jahre nachdem in den USA erstmals genetisch identische *Escherichia-coli*-Bakterien mit einer fremden DNS in großen Mengen hergestellt worden waren, hat in China der Nationale Wissenschaftskongreß die Gentechnik zu einer der acht wichtigsten Herausforderungen des Landes erklärt.
Doch von der Theorie zu ersten Erfolgen in der Praxis vergingen weitere sieben Jahre, in denen erst die Grundlagen für eine Forschung geschaffen werden mußten: Im ganzen Land fehlten Laboreinrichtungen, Chemikalien und vor allem gentechnisches Know-how.

Als dann Anfang der 80er Jahre die ersten Studentengruppen aus den USA, Japan und Europa mit Diplomen und Universitätsabschlüssen nach China an die gen- und biotechnologischen Institute zurückkehrten

und die Staatliche Kommission für Wissenschaft und Technologie 1982 eine Reihe von Schlüsselprojekten im Rahmen des sechsten Fünfjahresplanes finanzierte, verfügte China über eine kleine, aber entschlossene Gruppe von Wissenschaftlern, die binnen weniger Jahre Erfahrungen und Erfolge vorweisen mußten.
Mit Erfolgen, wie der Antigenklonierung des Hepatitis-B-Virus, oder mit Experimenten, bei denen das menschliche Alpha-Interferon-Gen in *Escherichia-coli*-Bakterien eingeschleust wurde, damit diese den Abwehrstoff gegen Infektionen produzieren können, haben die chinesischen Wissenschaftler in den vergangenen sechs Jahren gezeigt, daß sie die Technik der DNS-Rekombination beherrschen und damit gezielt bekannte DNS-Stücke einer Art oder Spezies in die DNS einer anderen Art einbauen können, um genetische Eigenschaften von Tieren und Pflanzen zu verändern.

»Bei vielen dieser Projekte«, räumt heute Mang Keqiang, Virologe und Direktor des Expertenkomitees für Biotechnologie in China, ein, »sind ausländische Experimente kopiert und Erfahrungen übertragen worden. Doch wir haben daraus gelernt und den Rückstand an Grundlagen- und Anwendungsforschung langsam wieder aufgeholt.«
Heute dient die Technik der DNS-Rekombination der Erforschung von tierischen Wachstumshormonen, Enzymen, Aminosäuren und Krankheiten, die von Viren und Bakterien hervorgerufen werden.
Ende der 70er Jahre begannen chinesische Wissenschaftler auch, aus verschiedenen Krebszellenarten Mischzellen (Hybride) herzustellen und zur Produktion monoklonaler Antikörper zu verwenden. Mit über 30

solcher unterschiedlicher Hybridzellen werden heute Impfstoffe gegen das Polio-Virus, Hepatitis B, epidemische *Encephalitis japonica,* gegen das Epstein-Barr-Virus und gegen Malaria hergestellt.

Pflanzengenetik

Bereits 1972 wurde in den Labors des Instituts für Genetik an der Akademie der Wissenschaften in Beijing erstmals in China versucht, Eigenschaften von Pflanzen durch die Verschmelzung ihrer Protoplasten – einer Technik zur Kombination von Erbmaterialien verschiedener Pflanzensorten und -arten – zu verbessern. Mit dieser Technik, aber auch durch die somatische Hybridisierung, bei der somatische Zellen (Körperzellen) zweier verschiedener Arten zu Hybridzellen verschmolzen werden, und auch mit Hilfe der DNS-Rekombination ist es seit 1976 in Beijing gelungen, neun Pflanzenarten mit einer neuen Erbsubstanz und neuen Eigenschaften zu züchten: beispielsweise Tabakpflanzen, die mit Hilfe von Interferon gegen einige Arten von Schädlingen widerstandsfähig geworden sind.

Modifizierte Ti-Plasmide jedoch, Plasmide des Bodenbakteriums *Agrobacterium tumefaciens,* die in Pflanzenzellen eindringen und diese zur Produktion von Stoffen umprogrammieren können, spielen in den 60 wissenschaftlichen Originalarbeiten, die in den vergangenen zehn Jahren am Beijinger Institut veröffentlicht worden sind, die Hauptrolle.

In Zukunft jedoch, so Li Xiang-Hui, Leiter des Gen-

technischen Instituts, wolle man mehr Energie darauf verwenden, mittels Körperzellen und molekularer Rekombinationstechniken die Widerstandsfähigkeit von Pflanzen gegen Schädlinge und Krankheiten zu stärken. Im Mittelpunkt stünden dabei Anbaufrüchte wie Reis, Weizen und Kartoffeln. Es fehle jedoch noch an Grundlagenforschung sowie an Kenntnissen über die Entstehung des Fruchtkeims, über genetisches Verhalten der Hybridzellen sowie über den Transport und den Einbau fremder Gene in bereits transformierte Zellen und Pflanzen.
Zehn Jahre Forschungsarbeit bedeuten für Professor Li aber auch, daß er nicht mehr als Einzelkämpfer forscht, sondern über zehn wissenschaftliche Mitarbeiter mit Hochschulabschluß verfügt, und daß die sieben Laboratorien mit Geräten ausgestattet sind, mit denen im Medium von Zellkulturen die Fusion von Protoplasten beobachtet, mit zytochemischen Methoden Hybride analysiert sowie die Techniken der DNS-Isolation und -Rekombination durchgeführt werden können.

Zehn Jahre Forschungsarbeit bedeuten aber auch, daß die Gentechnik in China den Reagenzgläsern und Zellkulturen entwachsen ist. Mit Hilfe von Ti-Plasmiden und mit anderen Viren, die die pflanzliche DNS transportieren, ist es dem Team von Professor Li gelungen, über 20 haploide Pflanzenarten, die nur über einen einzigen Chromosomensatz verfügen, durch gentechnische Eingriffe in den Blütenstaub herzustellen. Auf Versuchsflächen von über einer Million Mu (rund 66000 Hektar) wurden bislang acht neue Reissorten und deren Folgegenerationen sowie über 20 Arten von Weizen mit nur einem einzigen Chromosomensatz in den Zellen erfolgreich angebaut.

Trotz der weltweit zusammengetragenen Grundausstattung der Labors mangelt es den Genforschern in Beijing an Geld, technischen Geräten und chemischen Substanzen. »Viel Zeit und Energie geht verloren«, klagt Mang Keqiang, »für die Beschaffung von Ersatzteilen und für die Organisation der Labors.« Und mit Monatsgehältern von umgerechnet 100 bis 150 Mark sind die Professoren nicht besser gestellt als alle anderen Bürger ihres Landes. Doch sie sind in ihrer Arbeit zumindest nicht belastet durch eine öffentliche Diskussion über Grenzen und Risiken der Gentechnologie. Eine solche Auseinandersetzung findet in China nicht statt – auch nicht im internen Kreis der Wissenschaftler. Der Mensch, seine DNS, räumt Mang ein, sei vielleicht die einzige Ausnahme, an der man nicht herumexperimentieren solle.

Als zwischen 1985 und 1986 die ersten Experimente mit dem menschlichen Wachstumsgen in China stattfanden, hat es keine Warnungen gegeben. Wirtschaftliche Überlegungen, so Mang, aus Westeuropa, Japan und Amerika nach China gebracht, hätten Anfang der 80er Jahre der Gentechnik zum Durchbruch verholfen. Erfolge, wie der gentechnisch zum Wachsen gebrachte Karpfen, gäben heute der chinesischen Wissenschaftspolitik recht. Diese Fische, in Wuhan erschaffen, sind zwei- bis siebenmal größer als durchschnittliche Artgenossen, und bislang sei das einzige Problem, so Mang, daß die Karpfen noch der ersten Generation angehörten und man noch abwarten müsse, ob sich das gentechnisch ausgelöste Wachstum auch in den nächsten Generationen erhalten werde. Mittlerweile sei man aber mit grundlegender Forschung dazu übergegangen zu prüfen, ob das menschliche Wachstumsgen auch bei Schweinen und Kühen erfolgreich eingesetzt werden könne.

Doch trotz dieser von keinerlei ethischen, moralischen und ökologischen Bedenken eingeschränkten Perspektive fehlt nach Einschätzung chinesischer Wissenschaftler der Forschung ein industrielles Standbein, das Gen- und Biotechnologie zum Wirtschaftssektor werden läßt.

Zwar begannen Anfang der 60er Jahre Betriebe in China, industriell die ersten Enzyme zu produzieren, und heute werden bereits rund 30 Arten für die Nahrungsmittelindustrie, für pharmazeutische Produkte und für die Textilverarbeitung hergestellt, doch »in der industriellen Umsetzung«, so Mang, »ist China noch ein Entwicklungsland.« Nach seiner Einschätzung müßte die traditionelle biotechnische Industrie Chinas so rasch wie möglich modernisiert werden. Kommerzialisierung und Standardisierung seien beispielsweise Voraussetzungen für die Massenproduktion monoklonaler Antikörper.

Ein Beispiel aus der Praxis liefert die chinesische pharmazeutische Industrie: Sie stellt heute über 80 Antibiotika her. Doch daß nur eines von weltweit 7000 Antibiotika in China entdeckt worden ist, weist darauf hin, daß noch ein erheblicher Bedarf an Grundlagenforschung besteht.

Die Pharmazie, die Nahrungsmittelindustrie und die Landwirtschaft sind zwar als die drei Hauptgebiete der gen- und biotechnologischen Entwicklung für die kommenden zehn Jahre ausgewiesen, doch der Mangel an

Geld und Wissenschaftlern erfordert die Konzentration auf einzelne Spezialgebiete, auf »Projekte, mit denen man Geld verdienen kann«, meint ein Wissenschaftler in Beijing. Ökonomischer Nutzen bestimmt die wissenschaftliche Zielsetzung und »Forschungsergebnisse«, erklärt Mang, »müssen in die Praxis umgesetzt werden, sonst sind sie für China wertlos.« Die moderne Gentechnik und die traditionelle Biotechnik müßten daher gleichzeitig weiterentwickelt werden.

Es sei daher die wichtigste und dringendste Aufgabe der Gentechnik, Forschungsergebnisse in die industrielle Produktion zu bringen, fordert Mang Keqiang. Denn mit neuen Produkten könnten nicht nur Wissenschaftler und Techniker die Qualität und den Nutzen ihrer Arbeit beweisen, sondern gleichzeitig könne auch das Vertrauen der Bevölkerung in die Gen- und Biotechnologie gestärkt werden.

Nicht Einsicht, sondern Not zwang zur Reform

Rund 80 Prozent der Bevölkerung Chinas leben heute auf dem Land. Die Zeiten der Großgrundbesitzer und Feudalherren und damit auch die Perioden der Hungersnöte sind vorbei, dem Durchschnitt der Bevölkerung geht es bedeutend besser als vor der kommunistischen Machtübernahme. Mao Zedong hatte versucht, die Schlüsselprobleme, mit denen auch heute noch Entwicklungsländer zu kämpfen haben – Bevölkerungswachstum, Armut und Gleichgültigkeit, Arbeitslosigkeit, Kapitalmangel, Stadt-Land-Gefälle und niedrige Bodenerträge –, durch eine straffere Kollektivierung zu beheben. Die Landwirtschaft sollte sich in ihrer Ent-

wicklung nicht an »unkalkulierbaren« wirtschaftlichen Marktgesichtspunkten orientieren, sondern durch »bewußt politische Zielsetzungen den Sozialismus direkt ansteuern«.
Daraus resultierte eine Mammuteinheit von Volkskommunen. Doch im Gegensatz zu anderen Ländern der Dritten Welt ist es der Volksrepublik China gelungen, damit die auf über eine Milliarde Menschen angewachsene Bevölkerung zu ernähren. Die notwendige Voraussetzung dafür war wohl die von Mao Zedong eingeleitete Landreform, in deren Verlauf zahlreiche – aber nicht alle – Großgrundbesitzer enteignet worden waren und der Grund und Boden an jene Menschen verteilt wurde, deren Überleben von der Kraft der Erde abhing.
Beispiele in Südamerika, wie in Brasilien, zeigen heute, daß in Regionen, wo Großgrundbesitzer ihre Weiden mit paramilitärischen Truppen verteidigen, die Landbevölkerung ohne Zugang zu Feldern und Äckern keine Chance hat, sich und ihre Kinder zu ernähren. Nach dem chinesischen Vorbild sind in bestimmten Situationen die Enteignung und die Kollektivierung der Landwirtschaft durchaus taugliche Mittel, die Nahrungsversorgung der Bevölkerung sicherzustellen.
Doch die Annahme Mao Zedongs, daß die Bauern diesen Sozialisierungskurs als Befreiungstat begreifen und dafür auf materielle Anreize verzichten würden, erwies sich im Laufe der ersten drei Jahrzehnte der chinesischen Volksrepublik als Irrtum. Nach dem Tod des großen Parteiführers haben seit 1978 neue Kräfte versucht, einen anderen Kurs in der Wirtschaftspolitik anzusteuern. Doch die entscheidende Frage bei der so häufig als Modell für die gesamte Dritte Welt hingestellten Re-

form ist, ob sie das Ergebnis einer »höheren Einsicht« oder durch den negativen Verlauf der bisherigen Entwicklung erzwungen worden ist. Die neuen Kräfte in Beijing haben zwar zweifellos zahlreiche absolute Erfolge in der Wirtschaftspolitik vorzuweisen, doch diese dürfen nicht darüber hinwegtäuschen, daß die Reformpolitik aus der Not geboren wurde und ein Kind der Krise ist.

Innerhalb von 30 Jahren hat sich das chinesische Volk gut verdoppelt, wobei der ständig wachsenden Bevölkerung ein Lebensraum zur Verfügung steht, der heute kaum mehr expansibel ist. Mehr als drei Viertel der chinesischen Bevölkerung leben auf dem Land, wo die Krise sich permanent verschärft: Trotz aller Fortschritte in der Landwirtschaft nahm seit Mitte der 50er Jahre die Grundanbaufläche um mehr als zwölf Millionen Hektar ab. Heute stehen in China rund 95 bis 100 Millionen Hektar Anbaufläche zur Verfügung – die Angaben von westlichen Experten und chinesischen Behörden schwanken um drei bis fünf Millionen Hektar –, von denen sechs bis acht Millionen Hektar stark erosionsgefährdet sind. Damit hat heute die Anbaufläche etwa die gleiche Größe wie zur Zeit der Machtübernahme Mao Zedongs.
Dieser Vergleich zeigt einerseits die Leistungen der chinesischen Landwirtschaft, die durch Arbeit und Technik den Hunger vertrieben und im Einzugsbereich der Städte zu Anfängen eines gewissen Wohlstands geführt haben, offenbart jedoch eine fatale Entwicklung, die der sozialistische Staat nicht hat verhindern können: Innerhalb von 30 Jahren ging die Anbaufläche pro Kopf der Bevölkerung von 0,17 Hektar (1957) auf 0,09 Hek-

tar (1985) zurück, also knapp um die Hälfte. Mitte der 70er Jahre wurden die verantwortlichen Politiker auf die Folgen der Entwicklung aufmerksam gemacht: Aus ganz China häuften sich zu dieser Zeit Nachrichten in Beijing, die eine Krise der Landwirtschaft meldeten. Der Raubbau an der Natur, praktiziert in Kollektiven, die staatlich verordnete Monokultur, die Überweidung von Grasland, das bedenkenlose Abholzen von Wäldern und die damit verbundene Erosion sowie eine sinkende Fruchtbarkeit des Bodens ließen einerseits die Erträge in der Landwirtschaft kontinuierlich sinken, erforderten andererseits aber gewaltige Investitionen bei den Versuchen, die Produktion nach dem bisherigen Prinzip weiter zu steigern. Selbst in den traditionellen Landwirtschaftsgebieten wurde die schleichende Grundlagenzerstörung so stark spürbar, daß sie von den politisch Verantwortlichen nicht mehr länger beiseite geschoben werden konnte. Die Bedrohung wurde nicht verheimlicht, sondern öffentlich diskutiert:

»In Waldgebieten wurde gerodet, um Land urbar zu machen. Für Forstwirtschaft und Viehzucht geeignete Berghänge wurden in Terrassenfelder verwandelt. Das Resultat waren Versandung, katastrophale Erosion und Zerstörung des ökologischen Gleichgewichts. Tatsächlich konnte der Getreideertrag nicht gesteigert werden. Viehzucht und Forstwirtschaft erlitten großen Schaden.«

(*Beijing Rundschau,* 11/1979)

»Besonders im Nordwesten von Beijing litten Wiesen und Wälder enorm. Dadurch dehnte sich die Versandung aus und das ökologische Gleichgewicht geriet aus den Fugen. Augenblicklich nähern sich die Sanddünen unaufhaltsam der Stadt. Auf der Konferenz über die Ausdehnung der Wüsten, die im August 1977 im Namen des UNO-Generalsekretärs in Nairobi abgehalten wurde, wurde Beijing zu einer von Sanddünen bedrohten Stadt erklärt.«

(*Beijing Rundschau,* 12/1979)

»Fruchtbares Weideland verwandelte sich in ein alkalisiertes, von Flugsand bedrohtes Gebiet, und in Nordostchina trat nach der Abholzung ein Prozeß der Verbuschung ein.«

(*China News Analysis,*
6. 10. 1978 und 1. 12. 1978)

»Seit Jahren steigt der Getreidebedarf aufgrund der wachsenden Bevölkerungszahl... Eine Zeitlang galt die Getreideproduktion als das einzige Kriterium für Fortschritt und Rückschritt der Landwirtschaft... Dadurch wurde Raubbau an Waldgebieten getrieben, wurden Weidegebiete unrationell urbar gemacht, immer mehr Land versandete; es kam zu katastrophalen Erosionen, das ökologische Gleichgewicht wurde zerstört.«

(*Beijing Rundschau,* 11/1979)

»Die Getreideproduktion wächst nicht schnell genug, so daß bereits seit vielen Jahren auf jeden Chinesen jährlich durchschnittlich 300 Kilogramm entfallen. Außerdem ist die Produktion nicht stabil, das heißt, bei reicher Ernte gibt es etwas Überschuß, in durchschnittlichen Erntejahren kann der Bedarf nur annähernd gedeckt werden. Die Erzeugung von Industriepflanzen liegt noch hinter den wachsenden Erfordernissen des Wirtschaftsaufbaus und des Lebens der Massen zurück. Wird diese rückständige Lage nicht rasch geändert, kommt die Volkswirtschaft ins Stoppen.«

(*Beijing Rundschau,* 23/1978)

»Der Staat muß die Produktion entsprechend den örtlichen Gegebenheiten spezialisieren und den Schwerpunkt seiner Landwirtschaftsinvestitionen auf die Schaffung vieler Zentren für Marktgetreide, Industriepflanzen, Viehzucht, Fischerei und Forstwirtschaft legen... Planmäßig und schrittweise müssen einzelne Schlüsselgebiete veranlaßt werden, in der landwirtschaftlichen Modernisierung und bei der Erhöhung des Lebensstandards voranzugehen; das wird im ganzen Land eine Initialwirkung haben... So kann China schneller als früher eine landwirtschaftliche Modernisierung erreichen. Die Kräfte zuerst auf Schlüsselzentren zu konzentrieren bedeutet nicht, daß die anderen Gebiete – die in der Überzahl – zurückbleiben. Stagniert die Produktion in diesen Gebieten, wird die Landwirtschaft keinen Aufschwung erleben. Deshalb müssen diese Gebiete den Geist des Selbstvertrauens entfalten«.

(»Auf die Bewahrung und gute Verwaltung des vorhandenen Waldes Wert legen«, in: *Renmin Ribao,* 25. Februar 1981.)

In einem Rechenschaftsbericht der Chinesischen Akademie der Wissenschaften zur Modernisierung der Landwirtschaft, der im März 1981 veröffentlicht wurde, heißt es unter anderem: »Was seit über 30 Jahren in der Landwirtschaft, Forstwirtschaft, Weidewirtschaft und Fischerei an den meisten Orten geschehen ist, ist Raubbaubetrieb. Was die Anbaufläche betrifft, so wird sie schwer beansprucht, aber nachlässig gepflegt. Es wird viel herausgeholt, aber wenig zugesetzt. Das hat dazu geführt, daß die Bodenkraft gesunken ist. Was die Waldvorräte angeht, so wird rücksichtslos gefällt und geschlagen, schwer ausgenutzt, aber nachlässig aufgebaut. Die Feld- und Ausbringungsmarschen übersteigen das Wachstumsvolumen. Bei Nutzung des Graslandes wird nur herausgeholt, nicht investiert, nur in Anspruch genommen, nicht gepflegt. Es wird überweidet, was dazu geführt hat, daß die große Graslandfläche rückläufig ist. Was die Fischereiproduktion betrifft, so wird maßlos gefangen, und die Vorräte gehen der Erschöpfung täglich mehr entgegen. Diese Art rückständigen Betriebs stört das natürliche ökologische Gleichgewicht und führt dazu, daß die landwirtschaftliche Produktion in einen schädlichen Kreislauf gerät.«

Kapitel 4:

Fortschrittsfaktor Wirtschaft

Selbstversorgung: Die Gratwanderung zwischen Industrialisierung und Landwirtschaft

Die Industrie und die Landwirtschaft sind die beiden Beine, die nach den Vorstellungen Mao Zedongs die Volksrepublik China in die Unabhängigkeit und Selbständigkeit tragen sollten. Doch der Marsch in die Zukunft ist seit 1950 in China zu einer Gratwanderung zwischen dem Aufbau der Städte und der Industrie einerseits und der Intensivierung der Landwirtschaft andererseits geworden. Zwei große Faktoren bestimmten die Route der Revolutionäre: die Zunahme der Menschen – von 1950 bis heute hat sich Chinas Bevölkerung verdoppelt – und die Begrenzung der Ressourcen, wie Ackerboden und Wasser. Mit Mao Zedong hat sich das chinesische Volk vom Joch der Feudalherrschaft befreit, doch 30 Jahre kommunistischer Herrschaft haben ihm auch zu der Erkenntnis verholfen: »Gleichmacherei führt zur allgemeinen Armut.«

»Wir müssen einem Teil der Bevölkerung die Chance geben, etwas mehr zu verdienen«, gab daher Ende der 70er Jahre Deng Xiaoping als neue Devise aus, »damit die anderen nachziehen können.« Vor allem die Unzufriedenheit aufgrund der wachsenden Einkommenskluft zwischen Stadt- und Landbewohnern hatte die chinesische Führung genötigt, mit einem Modernisierungskurs Maos Theorie vom permanenten Klassenkampf abzulösen.

Das Zentralkomitee der Kommunistischen Partei beschloß daher 1978, das Selbstverantwortungssystem zu stärken: Private Selbständigkeit und privates Unternehmertum sollten für die Produktion und Verteilung mobilisiert werden. Angefangen wurde dabei in der Landwirtschaft.

Als sich die Parolen »Dezentralisierung« und »Mehr Markt statt Staat« durchgesetzt hatten und der Lebensstandard der Bauern von 1980 bis 1987 mit einem Wachstum von 13,5 Prozent jährlich fast doppelt so stark stieg wie der der Städter, wurden die Erfahrungen mit der Privatisierung der landwirtschaftlichen Produktion 1981 als sogenanntes Selbstverantwortungssystem auch auf private Gewerbebetriebe übertragen. Die chinesische Regierung wollte damit nicht nur Versorgungsmängel an gewerblichen Produkten mindern, sondern auch Kräfte und Impulse für ein neues Wirtschaftswachstum mobilisieren.

Die mittlerweile erzielten Erfolge bestätigen den neuen Kurs der chinesischen Parteiführung. Seitdem die Bauern wieder in die eigene Tasche wirtschaften dürfen, produzieren sie jährlich zweieinhalbmal mehr Nahrungsmittel als zu Zeiten der Volkskommune. Und der Wohlstand, bislang auf die Städte konzentriert, begann nun auch auf dem Lande zu wachsen: Zwischen 1978 und 1985 stiegen die ländlichen Einkommen um 175 Prozent.

Heute spricht man in China von einem Wirtschaftswunder auf dem Land, das sich nicht nur in Produktionsziffern ausdrücken läßt. In weiten Teilen Chinas ist es gelungen, unbeschäftigte oder unterbeschäftigte Arbeitskräfte in einer aufwärtsstrebenden Klein- und Mittelindustrie unterzubringen. Bereits 1986 gab dieser kollektive Sektor der ländlichen Wirtschaft, der völlig außerhalb des staatlichen Planungsapparates steht, 50 Millionen Menschen Arbeit und erreichte einen Anteil von einem Drittel an der gesamten industriellen Produktion Chinas. Grundlage dieses Fortschritts war das Modell der dorf- und gemeindeeigenen Industriezentren – insgesamt 225000 Privatbetriebe, die im ganzen Land bis Ende 1987 weitere 3,6 Millionen Lohnarbeiter eingestellt hatten. Die Erfahrungen in der Landwirtschaft bestätigten sich auch im industriellen Bereich: Innerhalb weniger Jahre schossen Industrie- und Gewerbebetriebe wie Pilze aus dem Boden. In die Schlagzeilen der Medien gerieten die ersten Millionäre Chinas, deren Biographien an die Geschichten der amerikanischen Tellerwäscher und Glücksritter erinnern, die sich mit Wagemut und Geschick aus dem Nichts mit Phantasie und Energie ein Vermögen geschaffen haben: So verfügt heute Liu Xigui aus Taoxian in der nordostchinesischen Provinz Liaoning, der sich vom Bauern zum Transportunternehmer emporgearbeitet hat, über drei Millionen Yuan Anlagevermögen. 1986 erzielte Liu 800000 Yuan und 1987 1,2 Millionen Yuan Gewinn. Er hofft, bis 1999 sein Anlagevermögen auf 10 Millionen Yuan erhöhen zu können.

Mit der Kabelproduktion und Filterherstellung haben sich Wang Chendong und Lu Changchen aus Yingkou, ebenfalls in der Provinz Liaoning, bereits ein Kapitalvermögen in Höhe von rund einer Million Yuan erworben.

Als Geschäftsführer eines Warenhauses ist Hou Chien in Gaixian/Provinz Liaoning, reich geworden: Anfang 1988 besaß er ein Vermögen von 400000 Yuan.

Über die Karriere von Liu Xigui, einem 34jährigen Privatunternehmer aus Shenyang im Nordosten Chinas, berichtete die staatliche Nachrichtenagentur Xinhua im Frühjahr 1988. Mit Geld, das er sich durch Blutspenden verdient hatte, kaufte Liu Xigui 1980 seinen ersten gebrauchten Lastwagen. Damit stieg er in das soeben erlaubte private Transportgewerbe ein. Drei Jahre später hatte er bereits drei Lastzüge und eine halbe Million Yuan auf der Bank. Mittlerweile zählen zu Lius Besitz fünf Kleinbetriebe und Geschäfte im Gesamtwert von fünf Millionen Yuan. Nach dem Abzug der Steuern in Höhe von 600000 Yuan verblieben ihm 1987 eine Million Yuan Gewinn. Die Summe wolle er neu investieren, erklärte er der Nachrichtenagentur, obwohl ihn seine Frau jetzt dränge, nun endlich ein Haus zu bauen.

Solche kapitalistischen Auswüchse stiften im kommunistisch fixierten China Unruhe. »Wir brauchen keine Angst vor Millionären zu haben«, beruhigte daher die theoretische Beijinger Zeitung *Lilun Xinxibao* im April 1988 ihre Leser. Allerdings beklagte der Autor des Artikels, Chao Lei, die Bedingungen, unter denen Millionäre in China entstünden. So sei es widersinnig, wenn Friseure mehr verdienten als Chirurgen und Eierverkäufer mehr als Nuklearphysiker. Doch mit der zunehmenden Wirtschaftsentwicklung würde sich auch die Öffentlichkeit an das Wort »Millionär« gewöhnen, denn »Millionäre sind keine Produkte des Kapitalismus.«
Und in der Tat sind Chinas Neureiche auf ehrliche Weise zu den »Goldkindern« der Nation geworden, nachdem ihnen die Wirtschaftsreformen seit dem Be-

ginn der 80er Jahre mit der Möglichkeit, Einzel- und Privatunternehmen zu gründen, die Weichen gestellt haben. Mit dem sogenannten Vertrags- und Verantwortungssystem wurden Energien freigesetzt, die in Städten, Dörfern und Gemeinden zum Teil von staatlicher Planung koordiniert und subventioniert, teilweise aber auch als regelrechter Wildwuchs zu einem richtigen Gründungsboom führten.

Deutlich wird dies am Beispiel der Industriestadt Shenyang im Nordosten Chinas: Laut den ersten Statistiken, die Ende 1987 veröffentlicht wurden, gibt es dort bereits 2103 Privatunternehmen mit einem registrierten Kapital von ungefähr 50 Millionen Yuan. Diese Betriebe befinden sich zum großen Teil in Branchen, die aufgrund anderer Prioritäten weder von der Planwirtschaft noch von der staatlichen Förderung bislang berücksichtigt wurden oder relativ schwach entwickelt sind, wie beispielsweise das Handwerk, die Herstellung von Konsumartikeln, das Transportwesen, die Wohnungsrenovierung und der Handel. In Shenyang lassen sich unter dem Aspekt der Bewirtschaftungsform die gegenwärtigen Privatunternehmen in vier große Kategorien unterteilen:

1. *Unternehmen mit ausschließlich eigenem Kapitel.* Diese Betriebsform ist auf der Grundlage der Einzelwirtschaft entstanden und wird von ihren Eigentümern finanziell völlig selbständig unterhalten und auch direkt von ihnen bewirtschaftet. Sie stützt sich in erster Linie auf die Lohnarbeit.

   So hatte beispielsweise in dem bereits erwähnten Beispiel Liu Xigui die Engpässe im Transportwesen Chinas genutzt und mit einem einzigen gebrauchten

Wagen sein Fuhrunternehmen aufgebaut. Die Aufträge stiegen, und mit dem erzielten Gewinn investierte er zwischen 1985 und 1987 insgesamt über eine Million Yuan für den Kauf von weiteren 20 Autos. Er stellte über 100 Fahrer und Transportarbeiter sowie einige pensionierte Kader mit Bewirtschaftungs- und Verwaltungskenntnissen ein. Als sein Transportunternehmen auf vollen Touren lief, begann Liu, die »Meifukang«-Chemiefabrik für alltägliche Gebrauchsartikel, die »Yongming«-Leuchtröhrenfabrik und das »Hunhe«-Autoreparaturwerk in der Stadt Shenyang aufzubauen.
Diese Art von Unternehmen machen rund 45 Prozent der gesamten Privatunternehmen in Shenyang aus.

2. Bei den *Unternehmen auf Familienbasis* sind die verwandtschaftlichen Bande das Firmengerüst.
So hat beispielsweise Yang Shifan, Direktor der »Shaling«-Drahtfabrik in Shenyang, als Techniker im Anshaner Eisen- und Stahlforschungsinstitut begonnen. 1961 gab er diese Stelle auf und kehrte wieder in seine Heimat zurück. Bis 1978 arbeitete er im dorfeigenen Kollektivbetrieb. 1982 eröffnete er eine Reparaturwerkstatt für elektrische Geräte und erzielte am Jahresende mehr als 5000 Yuan Gewinn. Ein Jahr später gründete er gemeinsam mit anderen den »Shaling«-Dienstleistungsbetrieb für Segeltuchwaren und elektrische Geräte. Da der Betrieb kaum Gewinn abwarf, machte sich Yang Shifan erneut selbständig. 1985 wurde seine Drahtfabrik, mit deren Bau er 1984 begonnen hatte, in Betrieb genommen. Das Kapital dazu nahm er teilweise aus den

bisherigen Gewinnen seiner Unternehmen und bekam zusätzlich einiges von Verwandten. Heute unterstehen seiner Fabrik drei Werkstätten, die von seinen zwei Brüdern und von seinem Sohn geführt werden.
Vier von zehn Unternehmen in Shenyang werden auf diese Weise von Familien geführt.

3. Mit der Wirtschaftsreform wurde auch die dritte Unternehmensform in China wieder eingeführt: *die Aktiengesellschaften.* Mehrere Investoren legen ihr Kapital zusammen und erwerben oder erschaffen eigene Produktionsmittel.
So wurde 1984 in Shenyang die »Shaling«-Fabrik für Standardwerkzeuge von Zhao Yuzhen gegründet, einer ehemaligen Geschäftsmitarbeiterin eines dorfeigenen Kollektivbetriebs. Am Anfang gab es 24 Aktieninhaber, bis 1985 stieg die Teilhaberzahl auf 32, sank aber 1986 wieder auf 29. Der Gewinn wird nach dem Steuerabzug als Dividende je nach Aktienanteil unter allen Aktieninhabern verteilt. Eine Aktie kostet 1000 Yuan, die Ausschüttungen dafür betrugen 1984 344 Yuan, 1985 180 Yuan und 1986 380 Yuan.
Knapp jedes dritte Privatunternehmen in Shenyang ist heute eine Aktiengesellschaft.

4. Die letztgenannte Betriebsform entstand in Shenyang durch den *Verkauf volkseigener Betriebe an Einzelpersonen.*
Zwischen 1986 und 1987 gingen insgesamt 15 staatliche oder kollektiveigene Läden, die entweder abseits des Käuferstroms lagen oder schlecht bewirt-

schaftet wurden, an einzelne Privatbesitzer über. Durch betriebswirtschaftlich orientiertes Management gelang es den neuen Eigentümern, die Verluste der Vorjahre zu beseitigen und Gewinne zu erzielen.

Mit einem Anteil von rund fünf Prozent an den gesamten Privatunternehmen ist diese Unternehmensform in Shenyang die am wenigsten praktizierte.

Neun von zehn der neuen Unternehmensbesitzer waren früher Bauern, Produktionsgruppenleiter, Buchhalter oder Verantwortliche für Versorgung und Absatz in einem dorf- oder gemeindeeigenen Betrieb. Die restlichen zehn Prozent waren Arbeitslose und wurden zum Privatunternehmer mehr oder minder aus Not. In allen chinesischen Medien werden diese neuen Unternehmer gelobt, ihre »Tatkraft und das Verantwortungsbewußtsein« herausgestellt und die Fähigkeit, Marktlücken mit scharfem Auge zu erkennen oder den Betrieb effizient zu führen, als vorbildlich dargestellt.

So schrieb der chinesische Journalist Zhang Zeyu in der *Beijing Rundschau* (März 1988): »Die meisten von ihnen sind zwischen 30 und 40 Jahre alt. Sie besitzen Bildung und Erfahrung, sind klug und geschäftstüchtig. Zhao Qingyou, Besitzer der »Qingqilou«-Hotels im Kreis Gaixian hat sein Hotel an einem Verkehrsknotenpunkt gebaut. Dort stehen über 20 Hotels und Gasthäuser in Konkurrenz zueinander. Um mehr Gäste zu gewinnen, legte er fest, daß, wer in seinem Hotel übernachtet, das Frühstück und Abendessen unentgeltlich einnehmen kann. So waren die Zimmer oft ausgebucht. Sein Geschäftseinkommen stieg von 300000 Yuan 1986 auf 360000 Yuan im Jahr 1987, sein Nettogewinn erhöhte sich im gleichen Zeitraum von 30000 Yuan auf 50000 Yuan.«

Die Privatbetriebe sind in China in der Mehrzahl noch klein und flexibel; es gibt für sie nicht so viele Beschränkungen wie für die staatseigenen Unternehmen, so daß sie entsprechend der Nachfrage für den Markt produzieren und ihr Sortiment verändern können, um der Konkurrenz überlegen zu sein. Auch dafür hat der Journalist Zhang Zeyu ein Beispiel parat: »Su Yingqi, der ehemalige Inhaber einer Werkstatt für Sojabohnenkäse im Bezirk Tiexi in Shenyang, hatte erkannt, daß man in einer Stadt, in der Engpässe im Verkehrs- und Transportwesen herrschen, im Transportgeschäft mehr verdienen könnte. Er kaufte sich für 30000 Yuan einen Lastkraftwagen mit Anhänger und ging seinem neuen Beruf als Fuhrunternehmer nach. Von seinem Gewinn kaufte er zwei weitere Lastzüge und steigerte so seinen Jahresverdienst auf 60000 Yuan. Nach dem Transportunternehmen baute er entsprechend der wachsenden Nachfrage nach magerem Fleisch für 150000 Yuan eine Viehzuchtfarm im Kreis Kaiyuan auf, auf der er heute Schweine züchtet.«

Um höhere Gewinne zu erzielen, schrecken die Privatunternehmer zuweilen auch vor Risiken nicht zurück. So besitzen die staatseigenen Eisen- und Stahlwerke Chinas das Monopol für die Produktion von Walzstahl. Bei der Versorgung jedoch gibt es zahlreiche Engpässe, so daß Frau Zhao Zhishu auf die Idee kam, in dieser Branche ihr Glück zu versuchen. Mit einer Million Yuan Startkapital gründete sie ein privates Walzwerk mit 100 Arbeitern, das erste im Kreis Gaixian. Kurz

nach der Gründung des Walzwerkes gelobte Frau Zhao ihren Arbeitern: »Wenn ich Erfolg habe, kaufe ich einen Jeep als Dienstwagen. Wenn mein Werk bankrott geht, werde ich mich ertränken.« Sie hielt Wort: Inzwischen ist sie Millionärin und hat sich einen Geländewagen gekauft.
Doch das Wirtschaftswunder hat auch seine Schattenseiten. Einige Privatunternehmer, die weniger erfolgreich waren und schließlich Konkurs anmelden mußten, ergriffen in ihrer Verzweiflung den letzten Ausweg: Sie begingen Selbstmord.
So berichtet die *Beijing Rundschau* (März 1988) vom Fall des Xu Shujia, des Inhabers einer Faserweberei in der Gemeinde Jianyi im Kreis Yingkou: Zu seinen 6000 Yuan Eigenkapital nahm er zusätzlich einen Bankkredit von 15000 Yuan auf. Damit kaufte er in anderen Provinzen acht billige Webmaschinen und gründete eine Weberei. Die Maschinen wurden installiert, sie funktionierten jedoch nicht. Xu konnte seine Schulden nicht zurückzahlen und nahm sich das Leben.

Doch über solche Schattenseiten der Wirtschaftsreform finden sich im allgemeinen in den chinesischen Medien kaum Berichte. Man will die Leser nicht abschrecken, sondern beweisen, daß die Privatbetriebe eine »positive Rolle«, so der Journalist Zhang Zeyu, »bei der Entwicklung der gesellschaftlichen Produktivkräfte« spielen. Für seine Leser hat er als Argumente eine ganze Reihe von »Vorteilen des privaten Unternehmertums« zusammengetragen: »Die Privatbetriebe ergänzen die Wirtschaft des Gemeineigentums. Obwohl ihr Bewirtschaftungsumfang nicht festgelegt ist, produzieren diese Betriebe im allgemeinen Produkte, die entweder die

staatseigenen Betriebe noch nicht herstellen oder für deren Produktion die staatseigenen Betriebe kein Interesse zeigen.«
Doch nicht nur die Lücken in der Versorgung können durch die Privatwirtschaft leichter gedeckt werden als mit der staatlichen Planwirtschaft, sondern auch Arbeitsplätze und Steuereinnahmen können vermehrt werden: In Shenyang sind 80000 Einzelunternehmen mit 160000 Beschäftigten und 2100 Privatbetriebe mit 30000 Arbeitern bei den Behörden neu registriert worden. »Die Erhöhung der Steuereinnahmen des Staates«, so Zhang Zeyu, »stellt eine weitere Einkommensquelle der lokalen Regierung dar. 1986 bezahlten die Einzelgewerbetreibenden der Stadt Yingkou Steuern in Höhe von 2,94 Millionen Yuan, die Privatbetriebe entrichteten vier Millionen Yuan Steuergelder und die tausend Privatunternehmen mit mehr als zwei Mitarbeitern führten Steuern in Höhe von zehn Millionen Yuan ab.«
Einen weiteren Vorteil sieht Zhang Zeyu in dem zusätzlichen Warenangebot: »Die Privatbetriebe der Stadt Yingkou stellen 40 verschiedene Produkte her und erwirtschafteten einen Produktionswert von 30 Millionen Yuan in den Bereichen Lebensmittel, Kleidung, Plastikwaren, Walzstahl und bei der Erzgewinnung sowie durch die Zucht von Wassertieren und -produkten. Die privaten Transportunternehmen der Stadt, die über 2450 Lastkraftwagen und 193 Linienbusse verfügen, haben mittlerweile einen Anteil von 30 Prozent am gesamten Güterumschlagsvolumen und von 40 Prozent an der Personenbeförderungsleistung der Stadt.«

Mit dem Prinzip der Selbstverantwortung gelang es in China, privates gewerbliches Unternehmertum vor al-

lem im Dienstleistungs- und Reparaturbereich zu entwickeln: In fast allen Städten und Gemeinden tauchten Restaurants, kleine Gasthöfe und Pensionen, Friseure, Wäschereien, Verleihzentralen für Musikkassetten, Handwerksbetriebe und Reparaturwerkstätten in den Straßen und in Hinterhöfen auf. Zwar durften die neuen privaten Klein- und Kleinstunternehmer zunächst keine Mitarbeiter beschäftigen, doch ab 1982 bekamen sie die Erlaubnis, zwei Hilfskräfte einzustellen. Mittlerweile ist die erlaubte Grenze bereits auf acht Mitarbeiter gestiegen.
Auf einer dritten Stufe hat die chinesische Führung 1983 ihre Reformpolitik fortgesetzt und ein Gesetz zur Privatisierung von Wohnungen erlassen. Das Ziel dieser Maßnahme ist, die Wohnraumnot in China zu beseitigen: Gegenwärtig hat jede Person Anspruch auf 6,7 Quadratmeter Wohnfläche, doch dieses Maß ist durch Mehrbelegung häufig unterschritten. Nun hofft die chinesische Führung, hauptsächlich die Gewinne von Landwirten und privaten Unternehmern im Hinblick auf eine verstärkte Bautätigkeit mobilisieren zu können. Vor allem aber wollte sich der Staat durch die Privatisierung von Reparatur- und Unterhaltungskosten für Häuser befreien. Einige solcher Modellprojekte mit privatisierten Wohnungsbeständen sind in einer Reihe von chinesischen Städten inzwischen abgeschlossen – mit angeblich so positiven Ergebnissen, daß die chinesische Führung diese Politik weiter verstärken möchte.

Beflügelt von den Erfolgen der Reformpolitik in der Landwirtschaft und bei kleineren Gewerbeunternehmen, hat die chinesische Regierung 1986/87 beschlossen, nun auch die rund 400000 staatseigenen Industriebetriebe »zu beleben« und dies als Schwerpunktaufgabe der Reform für das Jahr 1987 zu betrachten. Bislang waren solche Versuche immer an der für das kommunistische System etwas problematischen Frage gescheitert: »Wer hat in einem Betrieb das letzte Wort – der Direktor oder der Parteisekretär?« Nach längeren Diskussionen in der Partei wurde 1987 entschieden, nun auch das Verantwortlichkeitssystem für Betriebsdirektoren in vollem Umfang durchzusetzen. In drei Bestimmungen, gemeinsam vom Zentralkomitee der Kommunistischen Partei Chinas und dem Staatsrat formuliert, wurde im ersten Halbjahr 1987 der Startschuß für die Privatisierung von Industriebetrieben gegeben.

Der wichtigste Punkt im neuen Verantwortlichkeitssystem für die Direktoren ist die eindeutige Festlegung, daß der Direktor und nicht der Parteisekretär als juristische Person den Betrieb vertritt. Die Produktion, die Bewirtschaftung und die Verwaltung der Betriebe werden vom Direktor geleitet und vertreten. Er trägt die volle Verantwortung gegenüber dem Staat, dem Betrieb und der Belegschaft. Damit wird in China mit der seit langem bestehenden Regelung gebrochen, daß die Parteisekretäre die Hauptverantwortlichen der Betriebe sind. Vor allem in bezug auf den Personaleinsatz wurde festgelegt, daß die Stellvertreter des Direktors auf seinen Vorschlag und die Leitungskader der mittleren Ebene von ihm selbst ernannt oder abberufen werden können. Damit ist die traditionelle Praxis, daß die Partei in den Betrieben die Kader direkt bestimmt, aufgehoben worden. Der Partei und den Betriebsdirektoren wurden damit neue Rollen zugewiesen: Während sich heute die Parteiorganisationen in den Betrieben nach den Vorstellungen der Bejinger Reformer vom alltäglichen Produktionsprozeß und den administrativen Angelegenheiten lösen und ihre Energie mehr auf die Durchsetzung und Einhaltung der Richtlinien und der Politik der Partei konzentrieren sollen, besteht die Aufgabe der Direktoren darin, die Produktion und Wirtschaftlichkeit der Betriebe zu garantieren. Während ihrer Amtszeit sind sie für die Bearbeitung folgender Schwerpunktaufgaben verantwortlich: Höhe des Produktionswertes, Anzahl der produzierten Waren, Niveau der Produktqualität, Fortschritte in der technischen Umgestaltung, Import von Technologien, Entwicklung von neuen Produkten, Ausbildung von Fachkräften sowie die Verbesserung der Sozialleistungen für Arbeiter und Angstellte.

Am 17. Juli 1987 gab Lu Dong, Vorsitzender der Staatlichen Wirtschaftskommission, bekannt, daß bereits über 4000 große und mittelgroße Industriebetriebe, annähernd 51 Prozent aller staatlichen Industriebetriebe, dieses neue Vertragssystem übernommen hätten. Die Verbreitung des Systems im ganzen Land zeige, so Lu, daß die chinesische Betriebsreform in eine neue Phase getreten sei, in der die Schwerpunkte auf betriebswirtschaftlichen Aspekten und beim Management lägen. Dadurch könnten die vorhandenen Kapazitäten eines Betriebes besser genutzt und die Produktionen und Einnahmen gesteigert sowie unnötige Ausgaben vermieden werden.

Als Beispiel für den erfolgreichen Kurs der Wirtschaftsreformer führte Lu Dong die Provinz Jilin im Nordosten Chinas an, wo der Produktionswert, die Einkommen und Gewinne sowie die Steuer jährlich im Durchschnitt um 19 Prozent gestiegen und im ersten Halbjahr 1987 sogar um 16,2 Prozent gewachsen sind.

Nach Jahrzehnten staatlicher Planwirtschaft hat die Wirtschaftsreform in China Kräfte geweckt, von denen nicht einmal die kühnsten Zuwachspropheten einst zu träumen gewagt hatten: Als der damalige stellvertretende Ministerpräsident Yao Yilin vor dem Beijinger Volkskongreß im Herbst 1980 seinen Rechenschaftsbericht vorlegte, wurde, nach Angaben des Vizepremiers, bei zahlreichen Industrieprodukten – einschließlich Kohle, Rohöl, Elektrizität und Stahl – das durchschnittliche Plansoll von sechs Prozent Zuwachs übertroffen. Demnach habe 1979 die Schwerindustrie gegenüber dem Vorjahr eine Produktionssteigerung von 7,7 Prozent erzielt, während die Leichtindustrie einen Zuwachs von 9,6 Prozent verzeichnete. Der Wert der Agrarproduktion wurde im gleichen Zeitraum um 8,6 Prozent gesteigert. Die größere Unabhängigkeit der Betriebe, so der stellvertretende Ministerpräsident, habe viel zur »Begeisterung der Arbeiter beigetragen, das Management verbessert, neue Produkte auf den Markt gebracht, die Qualität gesteigert sowie die Gewinne erhöht.«
Die Verknüpfung planwirtschaftlicher Elemente mit den Mechanismen des freien Marktes hat nach Auffassung von Yao eine deutliche Hebung des Lebensstandards in der Volksrepublik bewirkt. 1981 war die Gesamtleistung der chinesischischen Industrie nach Beijinger Angaben überplanmäßig um vier Prozent gestiegen. Bis Ende 1987 hatte die Leichtindustrie ihren Anteil am Ausstoß der Gesamtindustrie von 43,1 Prozent (1978) auf 51,3 Prozent gesteigert. Der Anstieg der Produktion

von Baumwollgarn, Fahrrädern, Uhren, Nähmaschinen, Zigaretten und Zucker hat dabei in den vergangenen drei Jahren stärker zugenommen als im Fünfjahreszeitraum 1971–1975. Im gleichen Jahr (1987) haben die Manager der staatlichen Industriebetriebe die Erlaubnis erhalten, Arbeiter, die faul sind oder Unruhe stiften, zu entlassen. Bislang waren sie unkündbar gewesen. 1983 wurden weitere Erfolge gemeldet: In diesem Jahr hatte sich die Industrieproduktion um weitere 10,2 Prozent erhöht, was über der geplanten jährlichen Wachstumsrate von 7,3 Prozent lag. Gegenüber 1982 war der Produktionswert der Schwerindustrie real um 12,1 Prozent gestiegen, bei der Leichtindustrie wurde ein Plus von 8,4 Prozent registriert und die Kohleförderung erreichte mit 700 Millionen Tonnen 5,1 Prozent mehr als im Vorjahr. Die Förderung von Rohöl stieg auf 106 Millionen Tonnen an (plus 3,8 Prozent), und die Elektrizitätswerke erzeugten 349 Milliarden kWh Strom (plus 6,6 Prozent). Ingesamt wurden 1983 230000 Kraftfahrzeuge hergestellt; die Produktion von Kühlschränken wies eine Steigerung von 90 Prozent auf. Bei Fernsehapparaten wurde ein Plus in der Produktion von 45 Prozent registriert, ein fast ebenso großer Produktionszuwachs wie bei Waschmaschinen.
Das Wirtschaftswunder lockte auch zahlreiche ausländische Unternehmen an: Sie gründeten zusammen mit chinesischen Partnern Joint-ventures, die Gesamtinvestitionen in Höhe von 515 Millionen US-Dollar planten. Davon stammten rund 200 Millionen US-Dollar aus dem Ausland.

Derartige Wachstumsraten haben der chinesischen Führung in Beijing nicht nur den Rücken gestärkt, son-

Erträge der wichtigsten industriellen Produkte

Jahr	Kohle (100 Millionen Tonnen)	Rohöl (10 000 Tonnen)	Erdgas (100 Millionen Kubikmeter)	Elektrizität (100 Millionen kWh)	
				Gesamt	davon: Hydro-elektrische Kraft
1949	0,32	12	0,07	43	7
1952	0,66	44	0,08	73	13
1957	1,31	146	0,7	193	48
1965	2,32	1.131	11,0	676	104
1978	6,18	10.405	137,3	2.566	446
1979	6,35	10.615	145,1	2.820	501
1980	6,20	10.595	142,7	3.006	582
1981	6,22	10.122	127,4	3.093	655
1982	6,66	10.212	119,3	3.277	744
1983	7,15	10.607	122,1	3.514	864
1984	7,89	11.461	124,3	3.770	868

dern auch den Auftrieb für weitere Aufgaben gegeben: für die Förderung und den Ausbau von industriellen Zentren.
Vor allem die systematische Erschließung der Küstenregion für die Außenwirtschaft ist ein Entwicklungsprogramm Beijings, das bei einer konsequenten Umsetzung das wirtschaftliche Gesicht des Milliardenvolkes entscheidend verändern könnte: Die Küstenprovinzen, Heimat von rund 200 Millionen Chinesen, sollen demnach als Industrie- und Wirtschaftszentren vorrangig ausgebaut werden, um, so offizielle Vertreter der Regierung, das Binnenland zum Nacheifern anzuspornen. Ausgehend von der Tatsache, daß Arbeitskräfte, Kapital und Ressourcen in China begrenzt sind, strebt die Regierung einen Entwicklungsprozeß an, der, an der Küste beginnend, sich langsam bis in die abgelegeneren Provinzen im Landesinneren fortsetzen soll. 30 Milliarden Yuan sind als Investitionsvolumen für Infrastrukturmaßnahmen und Erschließungspläne vorgesehen, um vor allem ausländische Kapitalanleger nach China zu holen.

Eines dieser Zentren ist das nordöstlich von Beijing gelegene Tianjin, mit acht Millionen Einwohnern mittlerweile drittgrößte Stadt Chinas. Seine Lage an der Bohai-Bucht garantiert Tianjin einen ständigen Warenumschlag und damit die Grundlage für den Aufbau wichtiger Industrie- und Dienstleistungszweige.
Ein katastrophales Erdbeben in unmittelbarer Nähe kostete 1976 eine dreiviertel Million Menschen das Leben, 70 Prozent der Stadt versanken in Schutt und Asche. Ab Anfang der 80er Jahre wurden neue Appartementblocks gebaut mit einer Wohnfläche von 17,2 Millionen

Erträge der wichtigsten industriellen Produkte (in 10.000)

Jahr	Roheisen (Tonnen)	Stahl (Tonnen)	Endprodukte aus gewalztem Stahl (Tonnen)	Maschinell hergestellter Koks (Tonnen)	Holz (Kubikmeter)
1949	25	15,8	13	53	567
1952	193	135	106	222	1.233
1957	594	535	415	555	2.787
1965	1.077	1.223	881	1.203	3.978
1978	3.479	3.178	2.208	3.269	5.162
1979	3.673	3.448	2.497	3.354	5.439
1980	3.802	3.712	2.716	3.405	5.359
1981	3.417	3.560	2.670	3.172	4.942
1982	3.551	3.716	2.902	3.311	5.041
1983	3.738	4.002	3.072	3.451	5.232
1984	4.001	4.347	3.372	3.615	6.385 (5.800)

Quadratmetern. Eine vierspurige Ringstraße, die die hoffnungslos verstopfte City entlastet, zeigt bereits heute die Symptome, wie sie in allen Großstädten der Welt anzutreffen sind: Auf den Fahrbahnen gibt es während der Rush-hour kein Durchkommen mehr.

Dabei steht die Stadt erst am Anfang ihrer Karriere. Jährlich werden 200 Millionen Yuan in den Hafenausbau gesteckt, um vor allem die Effizienz und Geschwindigkeit des Warenumschlags durch die Einführung hochmoderner Computer-, Kommunikations- und Leitsysteme zu verbessern, die das Verkehrsministerium in Beijing mit der Stadt Tianjin und der Hafenbehörde »on line« verbinden. Unmittelbar neben dem Hafen wurde eine 33 Quadratkilometer große Zone ausgewiesen, die speziell ausländisches Kapital anziehen soll: Die TEDA, die »Tianjin Economic Development Area«, umzäunt und bewacht, sucht Investoren, die sich ganz auf Hochtechnologieprodukte konzentrieren. Wer hier seine Produktion aufnimmt, erhält Vergünstigungen: Joint-ventures zahlen nur 15 Prozent Körperschaftssteuer, im Vergleich zu 26,4 Prozent in Tianjin selbst und 30 Prozent anderswo. Bis zu einem Volumen von 30 Millionen US-Dollar können die Behörden der Stadt über Investitionen selbst entscheiden, ohne daß Regierungsbeamte in Beijing gefragt werden müssen. Der Standort ist ideal: mit den hochmodernen Ladeeinrichtungen des Hafens können 400000 Container pro Jahr verladen werden; die Zone ist an das nordchinesische Eisenbahnnetz angebunden, und eine Autobahn führt von hier aus direkt nach Beijing. Zudem ist eine Fülle von Zulieferbetrieben aus allen Branchen im Hinterland vorhanden.

Doch nicht jeder kommt in die TEDA-Zone hinein: Für

Erträge der wichtigsten industriellen Produkte (in 10.000)

Jahr	Zement (Tonnen)	Panzerglas (Normkisten)	Schwefelsäure (Tonnen)	Soda (Tonnen)	Ätznatron (Tonnen)	Synthetischer Ammoniak (Tonnen)
1949	66	108	4,0	8,8	1,5	0,5
1952	286	213	19,0	19,2	7,9	3,8
1957	686	462	63,2	50,6	19,8	15,3
1965	1.634	687	234,0	88,2	55,6	148,4
1978	6.524	2.004	661,0	132,9	164,0	1.183,5
1979	7.390	2.330	699,8	148,6	182,6	1.348,2
1980	7.986	2.771	764,3	161,3	192,3	1.497,4
1981	8.290	3.064	780,7	165,2	192,3	1.483,3
1982	9.520	3.546	817,5	173,5	207,3	1.546,3
1983	10.825	4.167	869,6	179,3	212,3	1.677,1
1984	12.302	4.830	817,2	188,0	222,2	1.837,4

dienstleistungsorientierte Investitionen, wie etwa für den Bau von Bürogebäuden und Hotels, gibt es derzeit einen Baustopp. In Tianjin legt man Wert auf Industriebetriebe wie Stahl- und Chemiefabriken, die der Stadt Geld bringen und nicht nur Kosten verursachen.
Daß die chinesische Führung mit ihrer Wirtschaftspolitik auf dem Weg nach oben ist, zeigen die Zahlen aus dem Jahr 1986, dem achten Jahr der Öffnungspolitik und zugleich dem ersten Jahr des siebten Fünfjahresplanes (1986 bis 1990): Die Entwicklung der chinesischen Volkswirtschaft verlief weiterhin stabil. Im Vergleich zum Vorjahr stieg der Bruttoproduktionswert der Industrie und Landwirtschaft um 9,3 Prozent, das Nationaleinkommen erhöht sich um 7,4 Prozent und das Bruttosozialprodukt um 7,8 Prozent. Der Wirtschafts- und Handelsverkehr mit dem Ausland wurde verstärkt, das Handelsdefizit verringert. Die Struktur der Exportwaren hatte sich verbessert, die der Importprodukte wurde in gewissem Maße reguliert. Das Jahresvolumen des chinesischen Außenhandels betrug rund 60 Milliarden Dollar, davon das Volumen der Ausfuhr 27 Milliarden Dollar, das der Einfuhr rund 33 Milliarden Dollar. Das entspricht gegenüber 1978 einer Zuwachsrate des gesamten Handels von 191,1 Prozent, bei der Ausfuhr von 177,1 Prozent und bei der Einfuhr von 203,8 Prozent. Ein Jahr später, 1987, war die gesamte Industrieproduktion Chinas um weitere 16,5 Prozent gegenüber dem Vorjahr gestiegen, auch die Zahl von 10000 genehmigten ausländischen Investitionen in der Volksrepublik wurde Ende des Jahres überschritten.
Zusammen mit der stabilen Produktionsentwicklung beschleunigte sich aber auch der Prozeß der technischen Umgestaltung. Der Bedarf an neuen Rohstoffen und

Erträge der wichtigsten industriellen Produkte (in 10.000 Tonnen)

Jahr	Chemische Düngemittel für den landwirtschaftlichen Gebrauch					
	davon:					
	Gesamt	Stickstoff-haltige	Phosphate	Chemische Pestizide	Ethylene	Kunststoff
1949	0,6	0,6				
1952	3,9	3,9		0,2		0,2
1957	15,1	12,9	2,2	6,5		1,3
1965	172,6	103,7	68,8	19,3	0,30	9,7
1978	869,3	763,9	103,3	53,3	38,03	67,9
1979	1.065,4	882,1	181,7	53,7	43,49	79,3
1980	1.232,1	999,3	230,8	53,7	48,99	89,8
1981	1.239,0	985,7	250,8	48,4	50,48	91,6
1982	1.278,1	1.021,9	253,7	45,7	56,49	100,3
1983	1.378,9	1.109,4	266,6	33,1	65,37	112,1
1984	1.460,2	1.221,0	236,0	29,9	64,80	118,0

Industrieprodukten wächst. So sehen bereits heute Wirtschaftsfachleute der Tatsache ins Auge, daß das Stahlangebot für China langfristig nicht ausreichen wird. Ende dieses Jahrhunderts wird die Volksrepublik – nach einer Analyse der Staatlichen Planungskommission – rund 90 bis 100 Millionen Tonnen Stahl verschiedener Sorten und Qualitäten benötigen. 1986 wurden im Land 52 Millionen Tonnen Stahl (plus 11,6 Prozent gegenüber dem Vorjahr) und in der ersten Hälfte 1987 rund 27,2 Millionen Tonnen Stahl (plus 6,6 Prozent) erzeugt. Die Studie schlüsselt weiter auf, welche Branchen von dem »Stahlmangel« betroffen sein könnten, und macht gleich deutlich, wie wichtig der Produktionszuwachs für das Land ist: Demnach braucht das Eisenbahnministerium jährlich rund 1,3 Millionen Tonnen Stahl für die Schienen der Hauptlinien. Davon werden rund 0,9 Millionen Tonnen für die Instandhaltung und die Reparatur und 0,4 Millionen Tonnen für den Ausbau des Gleisnetzes auf 80000 Kilometer Länge benötigt. Aber auch andere Bereiche, die auf Schienenanschluß angewiesen sind, wie der Kohlebergbau, die metallurgische und die Erdölindustrie, benötigen Schienenstahl in einer Menge von 0,2 bis 0,3 Millionen Tonnen, so daß sich für das Jahr 2000 ein voraussichtlicher Gesamtverbrauch an Stahl für Schienen von 1,5 bis 1,6 Millionen Tonnen ergibt. Hinzu kommt für den Ausbau von Nebenbahnen ein Bedarf an Schienenstahl von 0,54 Millionen Tonnen. Das Kohleministerium, auf das 1985 gut 72 Prozent des Stahlverbrauchs entfielen, wird voraussichtlich 0,27 Millionen Tonnen, der Metallerzbau und andere Branchen zusammen weitere 0,12 Millionen Tonnen sowie der gesondert ausgewiesene Bergbau in ländlichen Regionen 0,12 bis 0,15 Millionen Tonnen Stahl für Schienen benötigen.

Unterschiedlich sind die Prognosen für den bisher von Angebotsknappheit gezeichneten Formstahlbereich. Je nach Sorte wird sich der Bedarf unterschiedlich verändern: Die Nachfrage nach großformatigen Stählen soll bis zum Jahr 2000 um 1,8 Prozent, an mittleren um 5,7 Prozent und an kleineren Formstählen um 17 Prozent sinken. Die veränderte Zusammensetzung des nationalen Produktangebots, der technische Fortschritt, der Markteintritt neuer Erzeugnisse und die verstärkte Hinwendung zur Fertigung von Flach- und Röhrenstahl werde die Herstellung von Formstahl, so die Studie, negativ beeinflussen. Qualitativ hochwertige Stähle fänden hauptsächlich in der Maschinenbauindustrie, der Wehrtechnik und auch in der Autoindustrie Verwendung. Diese Sorten sollen an der Gesamtstahlproduktion im Jahre 2000 einen Anteil von 8,8 bis 9,3 Prozent haben. Dagegen werde das Angebot an mittelstarken Stahlblechen auch in Zukunft die Nachfrage nur bedingt befriedigen können. Neben den Bereichen Transport und Energie wird vor allem für den Maschinenbau ein stetig wachsender Bedarf prognostiziert. Für den Bau von Schiffen sollen 1990 rund 0,7 Millionen Tonnen benötigt werden. Als weiterer Hauptabnehmer für Bleche und Kesselstahl wird der Lokomotivenbau in der Untersuchung angeführt. Der Verbrauch von mitteldikken Stahlblechen wird, gemäß der Untersuchung, im Jahre 2000 einen Anteil von 14,5 Prozent, der von Drahtseil einen Anteil von 15,0 bis 15,7 Prozent haben. Weiterhin wird auch in den kommenden Jahren ein Mangel an dünnen Stahlblechen bestehen. Kalt gewalzter Bandstahl steht mit an der Spitze der Importgüterliste: Der Anteil am Gesamtstahlkonsum wird sich im Jahre 2000 auf voraussichtlich 14,0 bis 14,5 Prozent be-

laufen. Die Fertigung von Siliziumstahl soll vom warmgewalzten, was bisher rund 88 Prozent der Produktion ausmachte, auf kaltgewalzten umgestellt werden. Nur der Eisen- und Stahlkomplex in Wuhan kann diesen heute produzieren. Bei einem Anteil der Produktion von 1,2 Prozent am Gesamtverbrauch wird Bandstahl bis zur Jahrhundertwende weiterhin Mangelware bleiben. Der Verbrauch geschweißter Stahlrohre wird, gemäß der Langzeitprognose, mit einem Anteil von 6,5 Prozent den nahtloser Stahlrohre von 4,6 Prozent übersteigen. Bei nahtlosen Rohren gäbe es zu viele Sorten kleinen Durchmessers, klagen die Fachleute, und die Produktion von Spezialrohren für die Erdölindustrie werde vernachlässigt. Nach Angaben des Ministeriums für Metallurgie wird der Anteil an nahtlosen Röhren bis zum Ende des siebten Fünfjahresplans (1990) nur auf 30 Prozent des gesamten Röhrenverbrauches anwachsen können. Um dieses Ziel zu erreichen, müssen Chinas Stahlwerke jedoch ausgebaut werden.
So hat bereits das Stahlkombinat Anshan in der Provinz Liaoning angekündigt, es werde bis 1995 den Betrieb vor allem mit ausländischen Investitionen in Höhe von 3,7 Milliarden Yuan in Form von Joint-ventures, Kooperationen und Krediten erweitern. Mittelpunkte der geplanten Maßnahmen sind die Errichtung eines neuen Produktionsbereiches von 7,7 Quadratkilometern Größe und die Renovierung der 70 zur Zentrale gehörenden Produktionsstätten. Auf dem neuen Betriebsgelände sollen ein 300-Tonnen-Konverter, zwei Schmelzöfen, ein Werk für Stahlplatten, ein Werk für nahtlose Rohre sowie eine Eisenmine mit einer Jahresproduktionskapazität von neun Millionen Tonnen neu aufgebaut werden. Bis zum Abschluß der gesamten Projekte

1995 soll die jährliche Eisenproduktion im Industriekombinat von Anshan, das derzeit rund 400000 Mitarbeiter beschäftigt, von gegenwärtig 7,5 Millionen Tonnen auf gute zehn Millionen Tonnen angewachsen sein.

Da bereits heute chinesische Wirtschaftler einen Mangel an Rohstoffen und Ausgangsprodukten für die Industrie registrieren, ist es naheliegend, unter dem Aspekt eines weiteren Wirtschaftswachstums nach Auswegen zu suchen. Als Alternative offenbart sich den Wirtschaftsreformern die Kunststoffindustrie, die ihrer Meinung nach in der Lage ist, die kritischen Engpässe von Holz und Stahl zu überwinden.
Nach Ansicht der Industrieabteilung bei der Staatlichen Wissenschafts- und Technologiekommission wird China im Jahr 2000 nur 80 Millionen Tonnen Stahl produzieren können, 15 Millionen Tonnen weniger als benötigt.
Aus ökologischen Gründen ist auch bereits der Holzeinschlag während des siebten Fünfjahresplans um neun Millionen Kubikmeter reduziert worden. Diese Engpässe bei beiden Rohstoffen könnten durch Kunststoffe behoben werden: Alleine der landwirtschaftliche Bereich, so schätzen die Experten der Kommission, könnte ab dem Jahr 2000 960000 Tonnen Kunststoff jährlich verbrauchen.

Während des sechsten Fünfjahresplanes (1981 bis 1985) produzierte die Volksrepublik China 2,1 Millionen Tonnen Kunststoff, vor allem Verpackungsmaterial. Dadurch wurden nahezu 15 Millionen Kubikmeter Holz eingespart. Mit weiteren 1,5 Millionen Tonnen Kunst-

stoff könnte, nach Auffassung der Experten, der Verbrauch von 4,5 bis fünf Millionen Kubikmetern Holz, aus denen Papier für den jährlichen Bedarf der Verpackungsindustrie hergestellt wird, ersetzt werden.
Die Fachleute stellen sich vor, daß 80000 Kilometer Bewässerungsleitungen im Jahre 2000 nicht mehr aus Metall, sondern ebenfalls aus Plastik sein könnten. Dafür würden insgsamt 30000 Tonnen Kunststoff benötigt und 1,5 Millionen Tonnen Stahl eingespart werden.
1985 produzierte die Volksrepublik 13,6 Millionen Fernsehgeräte, die 80000 Tonnen Kunststoff enthalten. Im selben Jahr wurden neun Millionen Waschmaschinen mit 60000 Tonnen Kunststoff und 1,7 Millionen Kühlschränke mit 26000 Tonnen Plastik hergestellt. Bis zum Jahre 2000 wird ein weiterer Plastikboom erwartet: Rund 400000 Tonnen Kunststoff werden alleine für die elektrischen Anlagen in den Haushalten benötigt werden. Auch die Autoindustrie hat bereits einen Bedarf von 146000 Tonnen Plastik angemeldet.

Grundlagen der Kunststoffindustrie in China sind Erdöl und Kohle. 1990 soll in sechs Chemiezentren landesweit die Produktion für 1,8 Millionen Tonnen Kunststoff anlaufen. Für die Volksrepublik rechnet man dann insgesamt mit einer Jahresproduktion von 3,3 Millionen Tonnen.

Um sich auf diese Bedarfsprognosen einzustellen, wurde in China systematisch begonnen, die Kapazitäten der Chemieindustrie in erheblichem Umfang auszubauen. Deren Basis sind die Massengüter, petrochemische Produkte, anorganische Chemikalien, Kunststoffe, Chemiefasern und Düngemittel.

Mit der Entwicklung der Konsumgüterindustrie und des Bauwesens werden vor allem für Kunststoffe und Chemiefasern künftig Absatzchancen bestehen. Denn der internationale Pro-Kopf-Bedarfsvergleich zeigt für die Produktion, daß China einen enormen Nachholbedarf hat: Beispielsweise bei Kunststoffen liegt der Verbrauch mit zwei Kilogramm pro Kopf weit zurück gegenüber der Bundesrepublik Deutschland mit einem Verbrauch von 70 Kilogramm pro Kopf. Im Vordergrund der industriellen Strukturpolitik des siebten Fünfjahresplanes (1986 bis 1990) steht daher der Ausbau der Grundlagenindustrie sowie der Roh- und Werkstoffindustrie. Als Schwerpunktbereiche der Grundstoffindustrie im Chemiesektor gelten die Produktion von mehr Nährstoffdüngemitteln, petrochemischen Produkten, Soda und Feinchemikalien. In der Roh- und Werkstoffindustrie sollen die drei wichtigsten synthetischen Werkstoffe entwickelt werden: Die Ethylenproduktionskapazität soll auf 930000 Tonnen pro Jahr erhöht werden, bei Kunstharzen werden neue Kapazitäten für weitere 1,2 Millionen Tonnen und bei Synthesekautschuk für 100000 Tonnen pro Jahr geschaffen. In der Synthesefaserindustrie sollen 1990 1,45 Millionen Tonnen Kunstfasern, 500000 Tonnen mehr als 1985, produziert werden. Dennoch werden die Kapazitäten der Faserfabriken nicht ausreichen, den Bedarf des Marktes zu decken.

Auch die Düngemittelproduktion soll weiter dem wachsenden Bedarf angepaßt werden. 1987 haben die chinesischen Düngemittelhersteller mit 80,6 Millionen Tonnen das Planziel um 8,6 Millionen Tonnen überschritten und damit ein Rekordergebnis erzielt. 1986 waren rund 68 Millionen Tonnen erzeugt worden, für 1988 rechnen dic Fachleute mit einem Anstieg auf 85 Millionen Tonnen. Im Rahmen längerfristiger Prognosen wird für 1990 ein Jahresergebnis von 100 Millionen, 1995 von 120 Millionen und für die Jahrtausendwende von 150 Millionen Tonnen erwartet. Auf einer Wirkstoffbasis von 100 Prozent wurden 1987 17,1 Millionen Tonnen Düngemittel hergestellt. Davon entfielen 13,6 Millionen Tonnen auf Ammoniak und 3,5 Millionen Tonnen auf Phosphatdünger.

Auch bei anderen wichtigen Produkten und Materialien wurden die im Staatsplan fixierten Mengen weitgehend erreicht:

Schwefelsäure 9,6 Millionen Tonnen (plus 28,0 Prozent gegenüber 1986)
Ethylen 0,8 Millionen Tonnen (plus 18,7 Prozent)
Pyrit 8,8 Millionen Tonnen (plus 32,5 Prozent)
Reifen 21,5 Millionen Stück (plus 22 Prozent).

Auch die Produktion von Pestiziden erreichte mit einem Plus von 13,1 Prozent eine Steigerung auf 2,6 Millionen Tonnen. Der Gesamtproduktionswert der chemischen Industrie wuchs 1987 gegenüber dem Vorjahr um 13,8 Prozent auf 59,3 Milliarden Yuan. Die an den Staat abgeführten Gewinne nahmen um 13,4 Prozent auf 7,8 Milliarden Yuan zu.

Trotz der zahlenmäßigen Erfolge, so der zuständige Minister auf einer landesweiten Tagung der chemischen Industrie, stünde die angebotene Produktpalette nicht im Einklang mit der Nachfragestruktur. Auch die Mengenversorgung sei oft nicht ausreichend; dies gelte vor allem für agrarchemische Erzeugnisse wie Düngemittel, Pestizide und Kunststoffolien. China ist zwar der Welt drittgrößter Düngemittelhersteller nach der UdSSR und den USA, dennoch nimmt das Land weltweit den ersten Rang unter den Importeuren ein. Von technischen Modernisierungsmaßnahmen und einer Verbesserung des Betriebsmanagements verspricht man sich derzeit in China Produktionszuwächse von zwei Prozent jährlich. Kleinere Düngemittelwerke sollen stärker von lokalen Regierungsbehörden unterstützt werden, und für 1988 ist der Aufbau von 16 großen Betrieben geplant, darunter zwei Phosphatdüngemittelwerke mit 900000 beziehungsweise 400000 Tonnen Jahresproduktion in den Provinzen Shanxi und Gansu, eine Harnstoffherstellung mit 520000 Tonnen Produktionskapazität pro Jahr in der autonomen Region Ningxia Hui sowie eine Ammoniumphosphatfabrik mit einer Jahreskapazität von 120000 Tonnen in der Provinz Shaanxi.

Auch für Soda ist eine Erweiterung der Produktionskapazitäten um 3,5 Millionen Tonnen jährlich angestrebt. Die Produktion von Feinchemikalien soll weiter entwickelt und neue Bereiche der Chemieindustrie erschlossen werden: Kooperationschancen gibt es bei Farben und Farbstoffen, bei der Titandioxidproduktion, anorganischen Pigmenten, Lebensmittel- und Futterzusatzstoffen, Hilfs- und Nachbehandlungsmittel für die Leder-, Textil- und Papierindustrie sowie bei Haushaltschemikalien, Reagenzien und Weichmachern. In der Bau- und Baustoffindustrie liegt der Schwerpunkt auf der Entwicklung neuartiger Materialien zur Gestaltung von Innenräumen, für Verkleidungen und Decken und auf der Verbreitung von Modellproduktionsstraßen für Luftporenbeton.

Das Ergebnis des industriellen Aufschwungs der Volksrepublik zeigt auch Chinas Vorstoß in die Gruppe der

zehn größten Chemiefaserproduzenten der Welt. Vor allem durch die Inbetriebnahme einer Reihe von ausländischen Anlagen in den Jahre 1985 und 1986 konnte die Chemiefasererzeugung erheblich ausgeweitet werden. Die Zuwachsraten dieser Branche sind seit Beginn dieses Jahrzehnts im Jahresdurchschnitt zweistellig und sollen es auch weiterhin bis zum Ende der 80er Jahre bleiben. 1985 überschritt der nationale Bedarf an Chemiefasern mit 1,03 Millionen Tonnen erstmals die Millionengrenze. Von diesem Gesamtverbrauch entfielen rund 670000 Tonnen auf die eigene Produktion und 270000 Tonnen auf Importware. Nach Faserarten aufgeteilt waren es 870000 Tonnen synthetische Fasern (Polyester: 433000 Tonnen, Vinylon: 163000 Tonnen, Acryl: 80000 Tonnen). Zellulosefasern, darunter vor allem Viskose, machten knapp 250000 Tonnen im Verbrauch aus. Mit dem Ansteigen der Produktion im Inland sank seit 1981 der Import von 630000 Tonnen auf rund 270000 Tonnen (1987).
Die chinesische Chemiefaserproduktion ist auf wenige Zentren im Land verteilt. Allein am Standort Shanghai ist knapp ein Drittel der nationalen Produktionskapazitäten angesiedelt. Nanjing und Chanzhou in der Nachbarprovinz Jiangsu beanspruchen ebenso wie die Provinz Liaoning jeweils einen Anteil von rund 15 Prozent für sich. Der Raum Beijing-/Tianjin stellt mit rund zehn Prozent an der Produktionskapazität das vierte Zentrum. Der Rest ist auf das ganze Land verteilt.
Trotz intensiver Modernisierungsbestrebungen sind die Produktionsanlagen der chinesischen Textilindustrie überaltert und entsprechen keineswegs dem modernen Stand der Technik und der Sicherheit in bezug auf die Umwelt.

Für die Kunststoff- und Chemieindustrie gleichermaßen ist Grundstoff der Produktion das Rohöl. 1987 stieg die Erdölförderung in China um 26 Prozent auf 178,2 Millionen Barrel, die Erdgasgewinnung nahm um 2,4 Prozent auf 13,7 Milliarden Kubikmeter zu.
Bis zur Gründung der Volksrepublik wurden die Ressourcen im Untergrund wenig ausgebeutet, obwohl es Hinweise gab, daß bereits 3000 Jahre vor Christus in China Mineralöl verwendet wurde. Erst unter Mao Zedong und mit der Hilfe des damaligen sowjetischen Bruderlandes wurde damit begonnen, die Vorkommen vor allem in den Grenzgebieten der Nordwestregion Xinjiang abzubauen. Innerhalb von drei Jahrzehnten gelang es China, sich zu einem der bedeutendsten Erdölförderländer zu profilieren. Anfang der 60er Jahre wurde das auch heute noch wichtigste Fundgebiet Daqing im nordöstlichen Songliaobecken entdeckt. Die Quelle ist so ergiebig, daß Mitte der 60er Jahre China unabhängig von Erdölimporten wurde und Anfang der 70er Jahre beginnen konnte, Erdöl zu exportieren. 1983/84 wurde mit dem Export von 15 bis 18 Millionen Tonnen Rohöl- und Erdölerzeugnissen immerhin ein Viertel der Deviseneinnahmen aus Exporten erwirtschaftet.
Aufgrund der geophysikalischen Gegebenheiten ist in China die Wahrscheinlichkeit hoch, daß unter der Erde umfangreiche Lagerungen von Kohlenwasserstoffen vorhanden sind. Unter der Hälfte der gesamten Landfläche werden auf 4,2 Millionen Quadratkilometern Becken mit Vorkommen vermutet. Weitere Lager sind wahrscheinlich in Off-shore-Gebieten unter einer Gesamtfläche von einer Million Quadratkilometern vorhanden.

Insgesamt, so vermuten Fachleute, ist es durchaus möglich, daß in China Mineralölvorkommen in einem Ausmaß vorhanden sind, die sich mit den Fördermengen Arabiens vergleichen lassen. Doch ob auch alle Vorkommen wirtschaftlich sinnvoll abgebaut werden können, ob dafür die entsprechende Logistik zur Förderung und zum Transport aufgebaut werden kann, ist fraglich. So sind die im Nordwesten vorhandenen Lagerstätten bislang kaum erschlossen, und zwischen ihnen und den Verarbeitungs- und Bedarfszentren im Osten des Landes liegt eine Entfernung von 3000 bis 4000 Kilometern, eine Strecke mit ungünstigen geographischen und extremen klimatischen Bedingungen, die den Aufbau von Pipelines erschweren.

Ein anderer fossiler Energieträger, der in China ausreichend vorhanden ist, dessen Abbau jedoch Schwierigkeiten bereitet, ist die Kohle. So fürchtet die offizielle Zeitung *Economic Information,* daß die durch den langen und kalten Winter 1986/87 ausgelöste, anhaltende Kohleknappheit die industrielle Produktion des Landes gefährden könnte. Denn nach Informationen der Zeitung müßte die Volksrepublik von ihrer wichtigsten Primärenergiequelle, der Kohle, zusätzlich 250 000 Millionen Tonnen im Rahmen des laufenden Fünfjahresplanes fördern, um den wachsenden Bedarf zu decken. Die tatsächliche Produktionszunahme dürfte sich aber lediglich auf 130 Millionen Tonnen belaufen. Bis zum Jahr 2000 werde daher die Knappheit bei der Kohleversorgung andauern. Mit der Kohle, die hauptsächlich in der Zentralprovinz Shanxi abgebaut wird, deckt China drei Viertel seines Energiebedarfs für Kraftwerke, Hochöfen und zur Wärmeerzeugung. Kohleexporte bringen dem Land darüber hinaus aber auch erhebliche Deviseneinnahmen. Nach Angaben von Fachleuten verfügt China zwar einerseits über große Kohlereserven, hat aber andererseits nicht die Geräte und Maschinen, um diese Bestände zutage zu fördern. In den ersten drei Jahrzehnten der Volksrepublik hatte sich die Planwirtschaft in erster Linie auf die Steigerung der Ausbringungsmengen konzentriert, die durch einen verstärkten Einsatz von Arbeitskräften erreicht werden konnte. Vernachlässigt wurde dabei die Veredelung der Kohle – landesweit werden so weniger als 20 Prozent der gewonnenen Kohle durch mechanische Verfahren aufbereitet, so daß der Großteil als Rohkohle in den Verbrauch geht.

Die Nachfrage nach Energieträgern ist in China derzeit deshalb noch größer als das Angebot. Die Folge: ein Energiedefizit, vor allem in den Industriezentren, wo häufig rund 25 Prozent der Produktionskapazitäten aus Mangel an Brennstoffen und Elektrizität nicht genutzt werden können. Aber auch dort, wo in den Zechen moderne Geräte stehen, die aus westlichen Ländern wie der Bundesrepublik, Frankreich und Polen importiert wurden, werden die Anlagen häufig nur bis zur Hälfte ihrer technischen Leistungsfähigkeit eingesetzt, da Wartung und Ersatzteillieferungen unzureichend sind oder die Stromversorgung nicht konstant ist.

In den letzten Jahrzehnten hat sich die chinesische Elektrizitätsindustrie nicht in der gleichen Geschwindigkeit entwickelt wie die übrige industrielle und landwirtschaftliche Produktion. So nahm während des sechsten Fünfjahresplanes (1981 bis 1985) die jährliche Strom-

produktion durchschnittlich nur um 6,44 Prozent zu, während die übrige industrielle, gewerbliche und landwirtschaftliche Produktion ein Wachstum von durchschnittlich elf Prozent pro Jahr zu verzeichnen hatte.
Seit den 70er Jahren besteht daher bei der Stromversorgung ein Engpaß. Eine Untersuchung zeigt, daß 1980 ein Fehlbetrag von 40 Milliarden kWh bestand, der bis Ende 1987 auf 70 Milliarden kWh angestiegen ist. Das führt nicht nur zum Stillstand von Maschinen und zu Produktionsausfällen, sondern auch 300 Millionen Bauern werden wahrscheinlich noch länger auf einen Stromanschluß in ihren Häusern warten müssen. Bis 1995, so Fachleute in der Regierung, wird es nicht möglich sein, alle Engpässe in China zu beseitigen. Mit dem Bau von Wasserkraftwerken soll einerseits nach Plänen der Regierung versucht werden, den Stromnotstand abzubauen, zum anderen ist auch die Atomkraft wieder in den Mittelpunkt der Diskussion gerückt.
So hat 1987 erstmals in China die Internationale Tagung über Atomenergie, die sechste Konferenz für Atomenergie in der pazifischen Region, in Beijing stattgefunden. Beobachter sehen darin ein Zeichen für die Entwicklung und Öffnung der chinesischen Atomindustrie, die bereits seit 1955 existiert. Sie war damals zunächst »nur auf die Landesverteidigung ausgerichtet«, wie chinesische Behörden heute Versuche zum Bau einer Atombombe umschreiben. Dementsprechend wurden auch die ersten Erfahrungen mit der »Kernenergie« vor der Öffentlichkeit geheimgehalten. Erst Anfang der 80er Jahre trat ein Wandel in dieser Politik ein, da nun die Atomenergie auch in den Dienst der Volkswirtschaft und der Bevölkerung gestellt werden sollte. »Was wir für die Volkswirtschaft tun können, ist vor allem,

die Atomenergie für die Stromerzeugung zu nutzen«, erklärte Huang Qitao, Nuklearwissenschaftler und Vizeminister für Kernindustrie, und versicherte im Herbst 1987, daß »China seine Atomenergie in aktiver und angemessener Weise entwickeln wird«. Die Nutzung der Atomenergie komme dabei nach der Nutzung von Wärmeenergie und Wasserkraft erst an dritter Stelle.
Trotz zahlreicher Kontroversen wird diese Reihenfolge im allgemeinen auch von den meisten Kernkraftexperten Chinas vertreten.

Der erste Atomreaktor in China wurde bereits 1958 gebaut. Doch bis heute ist in China kein kommerzielles Atomkraftwerk in Betrieb. Eine der Hauptursachen sei die Angst, so Huang, die Unwissenheit und die Vorurteile gegenüber der Nutzung der Atomenergie. Zwar brachte der ehemalige Ministerpräsident Zhou Enlais in den 70er Jahren die Atomenergie in die Diskussion, doch aufgrund der chaotischen wirtschaftlichen und politischen Situation während der Kulturrevolution wurden seine Vorschläge nicht realisiert.
Sein Nachfolger, Hua Guofeng, erklärte Atomkraftwerke für unnötig, und Gegner der Atomenergie fühlten sich in China vor allem nach dem Reaktorunfall in den USA 1979 in ihrer ablehnenden Haltung bestätigt.
Doch im März 1983 griff Ministerpräsident Zhao Ziyang auf die Anregungen Zhou Enlais zurück, und seitdem wird in China wieder offen über den Ausbau der Atomindustrie diskutiert.

Doch konkrete Projekte scheiterten bislang entweder am psychologischen Widerstand gegen die Atomenergie, an den hohen Kosten, die mit dem Bau verbunden sind, oder auch an der Technologie. China suchte deswegen verstärkt erfahrene Partner im Ausland und hat mit diesen auch die Zusammenarbeit erweitert, seitdem die Volksrepublik 1984 der internationalen Atomenergieorganisation (IAEO) beigetreten ist. Im selben Jahr begann China mit dem Bau eines ersten »zivilen« Atomkraftwerkes, der Reaktoranlage Qinshan in der Provinz Zhejiang, mit einer geplanten Kapazität von 300 Megawatt. Dieses Atomkraftwerk wurde von chinesischen Wissenschaftlern und Technikern konstruiert. Die mittlerweile zweite Atomanlage bei Dayawan in der Provinz Guangdong ist ein Joint-venture-Projekt mit Frankreich. Laut Plan soll das Atomkraftwerk Quinshan 1990 in Betrieb genommen werden. Der erste Generator des Atomkraftwerks Dayawan soll 1992 laufen und der zweite 1993. Jeder Generator hat eine Kapazität von 900 Megawatt.

Obwohl China internationale Hilfe und Zusammenarbeit brauche, erklärte Huang, sei das Ziel jedoch, die Atomenergieindustrie aus eigenen Kräften zu entwikkeln.

Kapitel 5:

Risikofaktor Umwelt

Ein Acker für den Fortschritt

32 von 44 Haushalten eines Dorfes in der Provinz Anhui bestellen nicht mehr die Felder, sondern fertigen Nylonfilter, die im ganzen Land verkauft werden.
1982 hatte der Landwirt Wu Jilong in Shijiazhuang in Nordchina einen Vertrag mit der staatseigenen Taiyuaner Kupferhütte über die Verpachtung einer Werkhalle geschlossen. Wu legte Hacke und Sense aus der Hand und begann, Industriesilizium aufzubereiten. 1986 war er bereits Millionär: In den ersten vier Jahren hatte er 4,2 Millionen Yuan verdient.
Wie Bauer Wu, so haben seit der Reform im Jahre 1979 zahlreiche Familienbetriebe in China die Branche gewechselt, um vor allem auf dem Lande eine wichtige Rolle beim Ausbau der Industrie zu übernehmen. Doch diese Entwicklung ist für Chinas ländliche Wirtschaft nicht so neu. Die Mischung von Familienwebereien und Ackerbau in kleinerem Umfang hat seit Jahrhunderten Tradition. Doch während in der Vergangenheit solche Nebenbeschäftigungen auf dem Lande für die Familie ein willkommenes Zubrot darstellten, entwickeln sich heute Familienunternehmen zu Gewerbespezialisten, die nur noch für den Markt produzieren: so zum Beispiel der Bauer Li Yanshu im Kreis Ouhai, der 1986 mehr als sechs Millionen Paar Wanderstiefel für den Export herstellte.

Nachdem die Regierung in Beijing 1978 den Bauern die Möglichkeit gegeben hatte, aus der Landwirtschaft auszusteigen und in Form eines Familienbetriebes oder durch Kooperation mit Nachbarn und Verwandten in das Unternehmertum einzusteigen, hat sich die ländliche Wirtschaft grundlegend verändert. Zwei Tendenzen markieren die Entwicklung: die rapide Zunahme ländlicher Betriebe und die Expansion der kleineren Städte. Bis in die Dörfer hat sich dadurch die Wirtschaftsstruktur geändert: Vor 1979 stammten mehr als 80 Prozent des Einkommens der Bauern aus der Landwirtschaft. 1986 gab es in China bereits 15,1 Millionen ländliche Gewerbebetriebe, deren Einkommen 336,4 Milliarden Yuan (48,9 Prozent der gesamten wirtschaftlichen Einnahmen auf dem Lande) betrug. »In China leben 800 Millionen Bauern«, begründete Yang Jun, Verantwortlicher des landesweiten »Funken-Programms« die Notwendigkeit dieser Entwicklung. »Wenn die Produktions- und Lebensweise der Bauern keine Fortschritte machen, ist eine sozialistische Modernisierung hoffnungslos. Die chinesischen Dörfer stagnierten lange Zeit im rückständigen Zustand der Halbautarkie.« Neben wirtschaftlichen Aspekten gibt Yang Jun allerdings auch gesellschaftliche Gründe an, warum die »Industrialisierung auf dem Lande energisch vorangetrieben werden muß«: Von 800 Millionen Einwohnern außerhalb der Städte seien 370 Millionen arbeitsfähig. Durch den Einsatz von Maschinen in der Landwirtschaft mit einer Gesamtleistung von 200 Millionen PS sei die Produktivität auf den Bauernhöfen beträchtlich erhöht worden. Das habe dazu geführt, daß der »Überschuß an Arbeitskräften zu einem hervorstechenden Problem« wurde, so daß nur die Industrialisierung der bäuerlichen Betriebe die Arbeitslosigkeit eindämmen konnte. Bis Ende 1986 fanden dann auch wirklich insgesamt 79,37 Millionen Menschen oder 21 Prozent aller Arbeitskräfte auf dem Lande eine Beschäftigung in den neuen Gewerbebetrieben. »Diese Entwicklung hat nicht nur der Wirtschaft Auftrieb gegeben und das Einkommen der Bauern gesteigert«, so Yang Jun, »sondern auch wesentlich zur Stabilität der Gesellschaft beigetragen.« In China hofft man zudem, damit noch ein weiteres Problem zu lösen: den Abbau der sozialen Unterschiede zwischen Stadt und Land, zwischen Arbeitern und Bauern. Denn die Industrialisierung in den Städten hatte in der Vergangenheit eine immer stärkere Landflucht zur Folge. Der Zustrom einer großen Zahl von Bauern in die Ballungsräume führte unvermeidlich zur rapiden Bevölkerungszunahme in den Großstädten und damit zu erheblichen sozialen Problemen, was in China mit »wirtschaftlichen und gesellschaftlichen Widersprüchen« umschrieben wird. Mit den kleinen dorf- und gemeindeeigenen Industriebetrieben hoffen die Verantwortlichen, die »freigesetzten Arbeitskräfte« an Ort und Stelle binden zu können, so daß auch arbeitslose Bauern in ihren Heimatorten eine Beschäftigung finden. »Der Aufbau kleinerer Städte mit Dörfern im Umfeld liegt sowohl im Interesse der Modernisierung und Urbanisierung der Dörfer als auch der Profilierung von Großstädten«, erklärt Yang Jun die Entwicklung, »denn traditionelle Industrien und Gewerbebetriebe können in diese neuen Zentren verlegt werden.« Dieser neue Weg verringere die Unterschiede zwischen Stadt und Land, zwischen Arbeitern und Bauern, und entspreche den chinesischen Verhältnissen. Doch bei der Entwicklung der ländlichen Industriebetriebe und beim

Bau neuer Dörfer seien in der Vergangenheit Probleme aufgetaucht, die hauptsächlich im niedrigen technischen und betriebswirtschaftlichen Niveau sowie in der niedrigen Arbeitsproduktivität liegen. Mit einem »Funken-Programm« begann im Auftrag des Staatsrates daher die Staatliche Kommission für Wissenschaft und Technik in der zweiten Jahreshälfte 1985, systematisch Technik aufs Land zu bringen, den Mangel an Fachkräften zu beheben und die ländliche Wirtschaft zu beleben. Konkret sollen moderne, den örtlichen Verhältnissen angepaßte Produktionsverfahren in Betriebe und in Dörfer gebracht werden, die Schule machen könnten und schnell wirtschaftliche Resultate zeigen. »Das Wort ›Funken‹ ist aus einem chinesischen Sprichwort entlehnt«, erläutert Yang Jun das Motto des staatlichen Förderungsprogramms, »denn aus einem Funken kann ein Steppenbrand entstehen, was ein Synonym für die Ausbreitung von Wissenschaft und Technik in den Dörfern sein soll.«
Um auf dem Land die Ressourcen zu erschließen und die Warenproduktion zu entwickeln, hat das Programm mehrere Schwerpunkte gesetzt: An erster Stelle stehen Verfahren für effizientere Tierzucht sowie für Transport, Lagerung und Verarbeitung tierischer Produkte. Denn für die Verantwortlichen ist eine der wichtigsten Aufgaben, die traditionelle kleinbäuerliche Tierhaltung in eine moderne Tierzucht mit dem Charakter einer Warenwirtschaft zu verwandeln. Dieses Ziel erfordert wenig Investitionen, schafft Arbeitsplätze und verbessert die Versorgung der Ernährung durch die verstärkte Herstellung von tierischem Eiweiß. Zudem werden für die Verarbeitungsindustrie Rohstoffe, wie beispielsweise Pelze, Daunen, Fleisch, Blut und Knochen, geliefert.

Ein weiterer Schwerpunkt ist die Mehrzwecknutzung von Agrarprodukten, Rohstoffen der Forstwirtschaft und lokalen Spezialitäten. Vor allem die Verarbeitung der landwirtschaftlichen Erzeugnisse an Ort und Stelle wird als eine der vorrangigsten Aufgaben der ländlichen Industrie angesehen, die der »Erhöhung der Wirtschaftlichkeit« und der Modernisierung dienen und den großangelegten Anbau von Agrarprodukten für kommerzielle Zwecke fördern.

Weitere Anstrengungen beim Ausbau der dörflichen Gewerbeindustrie dienen der Entwicklung des Bausektors. Ziel ist es, den Bau von Eigenheimen zu standardisieren und zu kommerzialisieren sowie die Bautechnik zu industrialisieren, »um den Bauern praktische, preiswerte und schöne Wohnhäuser zur Verfügung zu stellen«, so Yang Jun, »und um auch den Boden effektiver zu nutzen«. Für 1986 waren alleine im »Funken-Programm« landesweit 4000 Projekte mit Investitionen in Höhe von 2,3 Milliarden Yuan geplant. Bis Ende des Jahres hatten 70 Prozent der Projekte erste Erfolge erzielt. Innerhalb der ersten zwei Jahre soll mit allen Vorhaben ein Produktionswert von nahezu zehn Milliarden Yuan neu geschaffen werden, wobei das Verhältnis zwischen geplanten Investitionen und erwarteten Gewinnen 1:5 ist. Gemäß der Kalkulation der Verantwortlichen werden damit jedes Jahr 2,5 Milliarden Yuan Steuern fällig, so daß sich bereits nach einem Jahr alle Investitionen amortisiert haben. Das ist auch notwendig, denn das Programm soll auf alle Fälle weitergeführt werden: In der Periode des siebten Fünfjahresplans (1986 bis 1990) sind weitere 150 Schwerpunktprojekte geplant, deren jeweiliger Bruttoproduktionswert 50 Millionen bis 100 Millionen Yuan betragen soll und die vor allem die Warenwirtschaft weiter ausbauen werden. So soll mit Hilfe des »Funken-Programms« in 20 Bergregionen der »relative Wohlstand gesteigert werden«, in zehn Küstengebieten und auf verschiedenen Inseln widmen sich Projekte der Fisch- und Viehzucht, dem Ackerbau und der Verarbeitungsindustrie. Außerdem ist geplant, das Potential an Know-how, Industrieanlagen und Fachkräften von mittelgroßen und großen Städten zu nutzen und dort 20 technologieintensive Zonen zu errichten, die unter Nutzung der Ressourcen aus den umliegenden ländlichen Gebieten Marken- und Exportprodukte produzieren, kleine und ländliche Betriebe mit modernen Anlagen ausrüsten und ihnen Anleitung geben, Produkte für Großbetriebe herstellen sowie Techniker und Managementpersonal für die Betriebe der umliegenden ländlichen Gebiete ausbilden werden. Das »Funken-Programm« beschränkt sich darauf, die Entwicklung der lokalen Wirtschaft voranzutreiben, es hat aber nichts mit den chinesischen Plänen zu tun, die die Förderung der »armen Gebiete« zum Ziel haben. So gehört zum »Funken-Programm«, das die Kommission für Wissenschaft und Technik der Provinz Guangdong 1986 durchgeführt hat, der Aufbau eines Zentrums für die Zucht von Zierpflanzen- und Obstbaumsetzlingen. Zwei Institute, das Südchinesische Pflanzeninstitut der Provinz, das der Chinesischen Akademie der Wissenschaften untersteht, und das Institut für Saatzuchtgenetik im Kreis Xinhui, haben sich darin zusammengeschlossen, aus acht Ländern und Gebieten 52 Samensorten von Bananen eingeführt und ab Mai 1986 daraus in der Retorte Bananensetzlinge herangezogen, deren Früchte bis zu fünf Zentimeter länger sind als die der einheimischen. Bis Ende 1986 wurden

insgesamt 150000 Setzlinge gezüchtet, die alle gleichzeitig blühen, Frucht tragen und damit einen gleichmäßigen Wachstumszyklus aufweisen. Damit hofft man, die Qualität und Mengenproduktion im größten Bananenanbaugebiet Chinas zu erhöhen.
Insgesamt gehören in dieser Provinz 62 Projekte zum »Funken-Programm«, einschließlich neuer Agrokulturen, der Entwicklung neuer Anbaumethoden, der Mehrzwecknutzung von landwirtschaftlichen und forstwirtschaftlichen Produkten sowie der Verbreitung neuer Technologien und Materialien. Bereits nach einem Jahr konnten 32 neue Produkte auf den Markt gebracht werden, und von den insgesamt 62 Projekten erwarten die Verantwortlichen einen Bruttoproduktionswert von mehr als 230 Millionen Yuan sowie Gewinne und Steuern in Höhe von 38 Millionen Yuan.
Ein weiteres Projekt ist die Aufzucht von Tulpen und Nelken. Die geographische Lage mit guten Klimabedingungen bietet ideale Voraussetzungen vor allem für die Zucht von ausländischen Blumenarten. Als die Königin von England 1986 die Provinz Guangdong besuchte, bekam sie einen Strauß Nelken und Tulpen überreicht, der damals noch aus Hongkong importiert werden mußte. Heute könnte die Gärtnerei im Bezirk Beijiao im Kreis Shunde diese Blumen liefern, da dort ein fabrikartiges Versuchszentrum für die Aufzucht von seltenen Zierpflanzen eingerichtet worden ist. In einem 5000 Quadratmeter großen Gewächshaus, aus den Niederlanden importiert, steuert ein Computer Temperatur, Feuchtigkeit, Wärme und Düngung. Insgesamt wurden 1987 zwei Millionen Yuan in die Aufzucht von 100000 Nelken und 5000 Tulpen in Blumentöpfen investiert. Der Jahresproduktionswert dieser Anlage be-

trägt 1,2 Millionen Yuan, der Gewinn 500000 Yuan. Der Ertrag pro Flächeneinheit liegt um das Zwanzigfache höher als bei der herkömmlichen Methode der Pflanzenaufzucht. Wie das Gewächshaus, so hat das »Funken-Programm« auch andere Technologien aus dem Ausland für Projekte in China vermittelt: beispielsweise aus den USA Technologien und Anlagen für die Zucht von »Guangyuan-Hühnern«, einer Spezialität der Provinz Guangdong, aus Japan Know-how und Anlagen für die industrielle Aalzucht und aus Kanada Technologien zur Herstellung von Futterzutaten.

Die Reformpolitik seit 1978/79 hat damit auf dem Lande nicht nur zu höheren Ernteerträgen und freien Märkten geführt, sondern in einer zweiten Stufe auch zur Spezialisierung zahlreicher Haushalte im industriellen und Dienstleistungsbereich. Nach Angaben des staatlichen Amtes für Statistik hat die Anzahl der Familien, die sich entweder in der Landwirtschaft spezialisiert oder auf den Ackerbau ganz verzichtet und neue Erwerbszweige erschlossen haben, im Jahr 1986 gegenüber dem Vorjahr um 16,3 Prozent zugenommen. 1986 existierten 3,7 Millionen dieser ländlichen Industrie- und Gewerbebetriebe, 519000 mehr als 1985. Ihr Anteil an den gesamten bäuerlichen Haushalten erhöhte sich von 1,7 Prozent (1985) auf knapp zwei Prozent im Jahr 1986. Eine weitergehende Analyse der Statistik zeigt, daß mit dieser Entwicklung nicht nur eine quantitative, sondern auch eine qualitative Veränderung verbunden ist. So haben sich von registrierten 1,36 Millionen landwirtschaftlichen Betrieben im Jahr 1986 840000 auf den Ackerbau spezialisiert (plus 14,1 Prozent gegenüber dem Vorjahr), 141000 Haushalte auf Fischzucht (plus

33,5 Prozent), 305000 Haushalte auf Viehzucht (minus 13,4 Prozent) und 74000 Haushalte auf die Forstwirtschaft (minus 9,8 Prozent). 827000 Familien (plus 18,7 Prozent) wechselten in den industriellen Bereich über, von denen 555000 Betriebe (plus 4,6 Prozent) begannen, gewerbliche Produkte herzustellen, 272000 Haushalte ihr Glück im Baugeschäft versuchten und 304000 Familien (plus 25,2 Prozent) neue Chancen, den Lebensunterhalt zu verdienen, im tertiären Wirtschaftssektor entdeckten. Besonders beliebt wurde der Handel und die Gastronomie, an zweiter Stelle steht das Transportwesen.
Die einzelnen Wirtschaftsbereiche entwickeln sich dabei unterschiedlich: Bauwesen, Handel, Gastronomie und Dienstleistungen haben die größten Zuwachsraten. Der Anteil der Haushalte, die sich auf das Bauwesen spezialisiert haben, erhöhte sich 1986 um 63,9 Prozent gegenüber dem Vorjahr; der Anteil, der sich auf Handel, Gastronomie und Dienstleistungen verlegte, stieg um 34,7 Prozent.
Im Gegensatz dazu verringerte sich die Anzahl der Viehzüchter um 13,3 Prozent und der Anteil der Betriebe, die sich auf Forstwirtschaft spezialisiert haben, um 9,8 Prozent. Vor allem der Handel, die Gastronomie und der Bereich der Dienstleistungen haben deshalb einen so starken Aufschwung genommen, weil in diesen drei Branchen in kurzer Zeit beachtliche wirtschaftliche und finanzielle Erfolge erzielt werden können. Die Folge der Anhebung des allgemeinen Lebensstandards auf dem Lande und der erhöhten Einkommen der Bauern ist der angestiegene Bedarf an Eigenheimen. Die Baubranche hat daher Hochkonjunktur, und da sie im Gegensatz zu anderen Branchen nur geringe

Investitionen als Voraussetzung benötigt, hat sich die Zahl der Baubetriebe drastisch erhöht.
Für den Rückgang der Viehzucht ist der Mangel an Viehfutter verantwortlich: Da nicht überall in China die Versorgung mit Spezialfutter garantiert ist, zudem die Qualität nicht ausreichend und die Preise zu hoch sind, scheuen viele Bauern das Risiko, ihren Betrieb umzustellen.
Auch in der Forstwirtschaft ist die Zahl der Betriebe rückläufig, da Erfolge sich häufig erst nach Jahren einstellen: Hohe Vorlaufinvestitionen sind notwendig, bis nach zehn bis 15 Jahren Umtriebszeit die ersten Bäume hiebreif werden und sich damit auch Erträge einstellen.

Nach einem Bericht der chinesischen Nachrichtenagentur Xinhua wurden 1985 im ländlichen Wirtschaftsbereich rund 370 Millionen Arbeitskräfte registriert, von denen bereits rund 70 Millionen, knapp jeder Fünfte, außerhalb der Landwirtschaft eine Beschäftigung gefunden hatten. Fünf Jahre zuvor hatte der Anteil nur bei rund zehn Prozent gelegen. Dieser beschäftigungspolitische Effekt ist in erster Linie dem Ausbau des ländlichen produzierenden Gewerbes zuzuschreiben. Die forcierte Entwicklung dieser Betriebe ist auch weiterhin eines der wesentlichsten Ziele des laufenden Fünfjahresplans von 1985 bis 1990. 1976 existierten rund 1,1 Millionen solcher örtlicher Kleinindustriebetriebe, die knapp 18 Millionen Arbeitskräfte beschäftigten und einen Umsatz von 22,7 Millarden Yuan erreichten. Bis 1979 war die Betriebszahl auf 1,48 Millionen gestiegen, die Zahl der Beschäftigten auf rund 29 Millionen. Der Umsatz belief sich auf 49,1 Milliarden Yuan. 1980 kam es zu einer Konsolidierungsphase, in deren Verlauf einzelne Unternehmen zusammengelegt oder geschlossen wurden, die Effizienz jedoch zugenommen hatte: Mit 92,8 Milliarden Yuan konnte sich 1983 der Umsatz nahezu verdoppeln. In einer zweiten Phase kam es dann 1984 zu einer regelrechten »Betriebsgründungsexplosion«. Bis Ende 1985 wuchs die Zahl der gewerblichen Betriebe auf dem Land auf knapp 10,1 Millionen an, die Zahl der Beschäftigten stieg auf 64,2 Millionen. Der Bruttoproduktionswert aller Unternehmen erreichte 248,1 Milliarden Yuan.

Diese Entwicklung brachte jedoch der Wirtschaft nicht nur stolze Zuwachsraten in den Statistiken, sondern führte auch dazu, daß im modernen China, das alles andere als reich ist an Ackerland, immer mehr landwirtschaftliche Nutzflächen dem Fortschritt geopfert wurden. Bereits 1979 wies ein Dokument des Zentralkomitees der Kommunistischen Partei Chinas auf diese Entwicklung hin. Demnach sind zwischen 1957 und 1977 mehr als 100 Millionen Mu, das sind rund sieben Millionen Hektar, kultivierten Landes vor allem im Einzugsbereich von Städten für die unterschiedlichsten Bauprojekte geopfert worden. Insgesamt verfügte China in den 70er Jahren über 105 Millionen Hektar Ackerland, sechs Prozent weniger als 1950, als nach offiziellen Angaben 111,8 Millionen Hektar in China als landwirtschaftliche Nutzfläche ausgewiesen worden waren.

Anfang der 80er Jahre tauchten in China neue Untersuchungen auf, darunter aus dem Institut für Bodenkunde der Chinesischen Akademie der Wissenschaften, die von einem weiteren Rückgang der Landwirtschaftsflächen auf rund eine Million Hektar berichteten. Ein Bericht von Zhang Zhenming, im April 1980 veröffentlicht in der *Renmin Ribao,* offenbarte die statistischen Dimensionen des gesamten Verlustes während der vergangenen zwei Jahrzehnte: eine erstaunliche Bilanz der Umweltzerstörung. Danach hat China zwischen 1957 und 1977 durch die Expansion der Städte und durch technische und industrielle Projekte auf dem Lande sowie durch Naturkatastrophen insgesamt 500 Millionen Mu oder 33,33 Millionen Hektar, rund 29,8 Prozent der 1957 registrierten landwirtschaftlichen Nutzfläche, verloren. Innerhalb einer Generation hat die Volksrepublik China, gerade das Land mit der höchsten Bevölkerungsdichte auf der Erde, ein Drittel seiner Ackerflächen dem Ausbau der Industrie geopfert. In diesem Zeitraum wurde zwar auch neues Ackerland in einer Größenordnung von 21,33 Millionen Hektar geschaffen; dennoch bleibt unter dem Strich ein Verlust von rund zwölf Millionen Hektar oder 10,73 Prozent der landwirtschaftlichen Anbaufläche im Vergleich zu 1957.

Ende 1981 wurde von Yi Zhi eine weitere Untersuchung vorgelegt (»Wir sollten die Nutzung kultivierter Landwirtschaftsflächen ebenso streng kontrollieren, wie wir das mit dem Bevölkerungswachstum tun«, *Hongqi,* Nummer 20, 16. Oktober 1981, Seite 43 bis 46), die mit ähnlichen Zahlen die Entwicklung beschrieb: ein Verlust von 29,33 Millionen Hektar Ackerland, dem 17,33 Millionen Hektar Neugewinn gegenüberstanden, so daß der Verlust rund 12 Millionen Hektar insgesamt betrug.

Alleine unter quantitativen Aspekten und ungeachtet der Tatsache, daß die Bodenfruchtbarkeit in dem neugeschaffenen Kulturland häufig mäßig bis schlecht ist, entspricht der Verlust den kompletten Anbauflächen in den Provinzen Sichuan (100 Millionen Einwohner), Guangdong (60 Millionen Einwohner) und Guangxi (rund 36 Millionen Einwohner). Während Chinas Bevölkerung in dieser Zeit um rund 300 Millionen Menschen anwuchs, wurden gleichzeitig Felder und Äcker in einer Größenordnung vernichtet, die 200 Millionen Menschen zu ernähren vermochten. Nach dem statistischen Durchschnitt nahm die verfügbare Ackerfläche pro Kopf um 40 Prozent ab: von 2,59 Mu pro Einwohner im Jahre 1957 auf 1,57 Mu im Jahre 1977. Die Entwicklung verlief dabei von Region zu Region unterschiedlich: In Liaoning, wo der Ausbau der Schwerindustrie forciert wurde, sank der Anteil der landwirtschaftlichen Nutzfläche pro Kopf sogar um 60 Prozent.

Vor allem die Expansion von Städten und Ballungsräumen forderte ihren Tribut von der Landwirtschaft: In der Umgebung von Beijing sank die Zahl der landwirtschaftlichen Nutzflächen von 607000 Hektar im Jahr 1949 auf 427000 Hektar im Jahr 1980. Für den Verlust von nahezu 30 Prozent ist der Ausbau der Vorstädte, der Bedarf an Gewerbe- und Industrieflächen und der Ausbau von Straßen verantwortlich. Hält die Entwicklung an, die jährlich rund 20000 Mu fordert, so fürchten die Stadtplaner Beijings, daß in zehn Jahren der Gemüsegarten der Stadt unter Beton und Steinen verschwunden sein wird. Daß sich durch diesen Verlust die Versorgung der Stadt mit Nahrungsmitteln krisenhaft zuspitzen könnte, machen andere Zahlen deutlich: 1949 entfielen auf die 2,03 Millionen Einwohner noch 0,3 Hektar Gemüseanbaufläche, 1986 blieben für die neun Mil-

lionen Einwohner pro Kopf nur noch 0,05 Hektar übrig. Durch das Wuchern der Städte verschwanden zwischen 1979 und 1980 alleine in Shanghai 650 Hektar Gemüseanbaufläche, in Wuhan waren es rund 2000 Hektar, ein Drittel der gesamten landwirtschaftlichen Nutzfläche im direkten Einzugsbereich der Stadt.
In den großen Ballungsräumen hat die Entwicklung dazu geführt, daß zahlreiche Bauern bereits ihre landwirtschaftlichen Betriebe aufgegeben haben und nun Arbeit in der Industrie suchen. Außerhalb der Städte, auf dem flachen Land, verläuft die Entwicklung ähnlich, wenn auch nicht so dramatisch. Vor allem drei Entwicklungstendenzen haben hier bereits zum spürbaren Rückgang der Ackerfläche geführt: der Ausbau der Infrastruktur, das unkontrollierte Wachstum von kleineren Industrie- und Gewerbebetrieben sowie der Bau neuer Häuser, während neue Straße, Bewässerungsanlagen und Rückhaltebecken den geringsten Anteil an der Entwicklung haben.
Besonders großen Flächenbedarf haben nach chinesischen Statistiken Betriebe für einen Fuhrpark mit bis zu sieben Traktoren: sie benötigen durchschnittlich 0,4 bis 1,3 Hektar Land. Noch mehr Grund und Boden fordert der systematische Ausbau von kleineren Industrie- und Gewerbebetrieben, in dessen Verlauf häufig angesichts steigender Produktionshoffnungen zu großzügig geplant wird. Dieses Wachstum, das den Landgemeinden teilweise auch bescheidenen Wohlstand ermöglicht, hat wiederum zu einem privaten Bauboom geführt, der den neuen Reichtum der Bevölkerung dokumentiert: Zwischen 1978 und 1980 sind nach Ermittlung chinesischer Fachleute vor allem in den südlichen Provinzen Chinas mehr als zwei Fünftel des Ackerlandes aus der Produk-

tion genommen worden, um darauf Häuser zu bauen. Einzeluntersuchungen, wie im Regierungsbezirk Hangzhou, dokumentieren einen Verlust von 13 Prozent der landwirtschaftlichen Nutzfläche zwischen 1957 und 1978. 90 Prozent davon gingen für den Wohnungsbau verloren, während zehn Prozent staatliche Projekte schluckten. In einigen Bezirken beläuft sich der jährliche Bedarf an Bauland auf rund 150 Hektar, wobei eine nicht unerhebliche Fläche vom wachsenden Baugewerbe selbst benötigt wird, beispielsweise für Ziegeleien und Bauhöfe.

Gleichzeitig planen die chinesischen Familien ihren Neubau größer: Während im Norden der Volksrepublik ein Haushalt durchschnittlich 80 bis 90 Quadratmeter Wohnfläche zur Verfügung hat und im Süden 70 bis 80 Quadratmeter, benötigen Familien, die Neubauten errichten, für ihre Häuser inclusive Höfe, Gärten und Mauern eine Fläche von 400 bis 500 Quadratmetern.

Diese Entwicklung hat bereits zu offizieller Kritik geführt: So klagt Zhang Zhenming 1980: »Der Staat hat die Kontrolle über die Planung in den ländlichen Gemeinden verloren.« Yi Zhi beschrieb das Problem bereits 1981 treffend: »Das Wohnproblem muß gelöst werden, jedoch nicht auf Kosten der Nahrungsmittelversorgung.«

Ausgehend von dieser Entwicklung hat der amerikanische Geographiedozent von der Universität Manitoba, Vaclav Smil, eine Hochrechnung für die kommenden zwei Jahrzehnte angestellt: Wenn die Bevölkerung auf insgesamt 1,3 Milliarden Menschen anwächst, wird für jeden Einwohner der Volksrepublik China nur noch 0,068 Hektar (86 Quadratmeter) Ackerland zur Verfügung stehen. Bei einer 30prozentigen Steigerung der

Ernteerträge auf jeder Art von kultiviertem Ackerland kann der Stand der Ernährungsversorgung nur auf dem derzeitig geringen Niveau gehalten werden. Wenn es außerdem gelänge, die seit 1950 kontinuierliche Verlustrate an landwirtschaftlicher Nutzfläche auf ein Drittel zu reduzieren, also auf rund 500000 Hektar pro Jahr, und wenn in den nächsten zwei Jahrzehnten insgesamt 20 Millionen Hektar Ackerland neu geschaffen würden, was »beides sehr optimistische Annahmen sind«, so Smil, würde der effektive Neulandgewinn rund neun Millionen Hektar betragen. Würde die Bevölkerung die 1,2-Milliarden-Grenze nicht übersteigen, was ebenfalls eine optimistische Annahme sei, dann könne sich die landwirtschaftliche Nutzfläche pro Kopf nur auf 0,091 Hektar verringern.

Doch diese quantitativen Überlegungen zur Größe des nutzbaren Ackerlandes sind nur ein Teil der Wahrheit, wie auch die Erntestatistiken der letzten Jahre, die nach der Wirtschaftsreform ein überdurchschnittliches Wachstum verzeichneten. Denn neben den quantitativen Verlusten in der Anbaufläche zeigen sich in der Volksrepublik China auch qualitative Grenzen bei den Ernteerträgen infolge sinkender Bodenfruchtbarkeit. So gehören rund 40 Prozent der 100 Millionen Hektar Landwirtschaftsfläche in China zu der Bodenkategorie mit niedriger Fruchtbarkeit: 20 Prozent dieser Fläche sind dünne Humusschichten, die einer großen Erosionsgefahr unterliegen. Acht Prozent davon sind gefährdet durch Überschwemmungen und bedroht durch Versalzung, über neun Prozent sind sandige Böden und die restlichen drei Prozent Reisanbauflächen mit niedrigen Erträgen. Auf diesen Böden werden durchschnittlich

nicht mehr als 0,75 bis 1,5 Tonnen Getreide pro Hektar und Jahr geerntet, und nach Angaben der Chinesischen Akademie der Wissenschaften aus dem Jahre 1979 kann es durchaus vorkommen, daß die Ernte vereinzelt weniger als eine halbe Tonne pro Hektar ausmacht.
Daß diese geringe Bodenfruchtbarkeit nicht auf einzelne Regionen beschränkt ist, sondern die Nahrungsmittelversorgung ganz Chinas betrifft, wird deutlich an der Tatsache, daß in 16 von den 26 Provinzen Chinas die Ernteerträge niedriger sind als der nationale Durchschnitt.
Aber auch die Regionen mit fruchbareren Böden haben ernste Probleme mit der Qualität der Erde: Auf der Hochfläche von Hubei wird die Bodenfruchtbarkeit durch Versalzung und Übersäuerung infolge gedankenloser Bewässerung gefährdet. In der Provinz Hunan drohen 40 Prozent (rund 1,2 Millionen Hektar) der landwirtschaftlichen Nutzfläche zu versumpfen oder zu versauern, in Jiangnan hat sich infolge des extensiven und andauernden Reisanbaus eine zehn Zentimeter dicke Lehmschicht etwa zwei Handbreit unter der Erdoberfläche gebildet, die Wasser und Düngemittel zurückhält, Wurzeln in ihrem Wachstum einschränkt und häufig flächenweit eine Wurzelfäule verursacht. Trotz der modernen Agrartechnik und der Zugabe chemischen Düngers konnten hier die Ernteerträge von 2,25 bis drei Tonnen pro Hektar nicht weiter gesteigert werden, teilweise mußten auch Ernteeinbußen hingenommen werden. Verschärft wird das Problem durch den Fortschritt der Landwirtschaftstechnik: die Überzeugung, durch den Ausbau der Bewässerung und durch den Einsatz von Düngemitteln die Erträge im Reisanbau steigern zu können, schlägt ins Gegenteil um. In

Jiangnan ging die Anbaufläche von 8,4 Millionen Hektar im Jahr 1972 auf 7,7 Millionen Hektar im Jahr 1977 zurück. In Shandong verringerte sich die Anbaufläche für Sojabohnen nach Angaben der chinesischen Akademie der Wissenschaften von zwei Millionen Hektar im Jahr 1949 auf 0,73 Millionen Hektar Ende der 70er Jahre. Insgesamt, so die Erkenntnis von Landwirtschaftsfachleuten, verursacht der Schwund von organischen Nährstoffen in den Böden einen kontinuierlichen Rückgang der Ernten.

Die grüne Mauer bietet keinen Schutz mehr gegen die Wüste

Wieder einmal bauen die Chinesen eine Mauer. Doch nicht ein Wall aus Backsteinen und Granitquadern wie vor 2000 Jahren soll vor einfallenden Nomadenstämmen aus dem Norden schützen, sondern ein Bollwerk aus Bäumen und Büschen den Ackerboden vor Versteppung und das Land vor Wüstenbildung bewahren. Das Problem ist so brennend, daß selbst Deng Xiaoping und die Partei jedermann in China aufforderten, mindestens drei Bäume jährlich zu pflanzen. Ein Sprecher des Forstministeriums in Beijing erklärte im Frühjahr 1985, eine 7000 Kilometer lange grüne Mauer vom Nordosten Chinas bis nach Xinjiang an der Grenze zu Afghanistan sei eine »Sache auf Leben und Tod«.
Denn 130 Millionen Hektar, rund zwölf Prozent der Landfläche, sind in der Volksrepublik bereits Wüste. Bedroht von Flugsand und Trockenheit sind weitere 130 Millionen Hektar Farm- und Weideland, und wie ernst die Situation ist, zeigt die Statistik: 1975 waren in China

die Wüstenflächen bereits um ein Drittel größer als 1960, und zwischen 1977 und 1981 nahmen sie wiederum um ein Fünftel zu. Priorität beim »Bau« der grünen Mauer genießt derzeit das 530000 Quadratkilometer große Lößplateau, das sich mit rund 80 Millionen Einwohnern über sieben Provinzen erstreckt. Einst war dieses Quellgebiet des Gelben Flußes mit dichtem Urwald bewachsen, heute besitzt es nur noch drei Prozent Wald und elf Prozent Grasland. Es ist das von der stärksten Bodenerosion bedrohte Gebiet Chinas: Nachdem der Mensch über Jahrtausende hinweg die Wälder gerodet und Grasland mit dem Pflug in offenes Ackerland umgewandelt hatte, haben Sandstürme im Frühling und Winter sowie starke Regenfälle im Sommer das Gebiet in eine bizarre, kahle Hügellandschaft verwandelt, die von tiefen Gräben durchzogen ist. Jedes Jahr spült der Gelbe Fluß 5000 bis 12000 Tonnen fruchtbaren Lößbodens pro Quadratkilometer fort, eine Entwicklung, die nun mit den Wurzeln grüner Wälder gestoppt werden soll.
Es gibt wohl kaum ein Land, in dem die Bevölkerung, was Aufforstung anbelangt, derart motiviert und mobilisierbar ist: Junge Paare feiern ihre Hochzeit kollektiv mit Bäumepflanzen, und es kann durchaus vorkommen, daß ein Bauer, der illegal einen Baum fällt und dabei erwischt wird, ins Gefängnis gesteckt wird. Doch trotz all dieser Bemühungen kommt eine von der Weltbank erstellte Studie über »Umweltaspekte der wirtschaftlichen Entwicklung in China« zu dem Ergebnis, daß an einigen Orten nur zehn Prozent der neu angepflanzten Bäume überleben. Nach der einhelligen Meinung zahlreicher westlicher Experten, die anfangs im Gegensatz zu den statistischen Erfolgsmeldungen der

chinesischen Regierung stand, ist nach wie vor die Aufforstungsbilanz negativ. Selbst von regierungsamtlicher Seite wird dies mittlerweile bestätigt: Im Dezember 1987 teilte der chinesische Forstwirtschaftsminister Gao Dezhan während einer Pressekonferenz in Beijing mit, daß es trotz aller bisherigen Anstrengungen in zehn Jahren in der Hälfte der 131 chinesischen Forstverwaltungen keine Bäume mehr geben werde, wenn wie bisher die Wälder kahlgeschlagen und nur unzureichend aufgeforstet würden. Gao meint, der Verlust an Bäumen habe zu großen Umweltschäden geführt. In China wachse die Wüste jährlich um rund 1000 Quadratkilometer. Trotz großer Aufforstungskampagnen in den letzten drei Jahrzehnten habe nur ein Drittel der wiederbepflanzten Fläche, nämlich 33 Millionen Hektar, wegen unzureichender Pflege und Organisation überlebt. In den nächsten zwölf Jahren sollen, so Goa, sechs Millionen Hektar mit schnellwachsenden Bäumen aufgeforstet werden.

Nicht die Gewässer- oder Luftverschmutzung wie in Europa, sondern der Waldverlust ist derzeit das Hauptproblem, das China existentiell berührt. Betroffen davon ist nicht nur die Landwirtschaft durch die steigende Gefahr der Versteppung des Bodens, sondern das ökologische Gleichgewicht der Volksrepublik schlechthin: Der Waldverlust beeinflußt mittlerweile negativ die Wasserbilanz sowohl bei Oberflächen- als auch bei Grundwasser, der Ausfall der Filterfunktion von Bäumen führt vor allem in der Nähe von Ballungsräumen zu einer steigenden Luftverschmutzung, und große Bodenflächen, die einst vom Wurzelwerk der Bäume gehalten wurden, sind schutzlos der Wind- und Wasser-

erosion preisgegeben. Die Störung des ökologischen Gleichgewichts in China dauert bereits seit Jahrhunderten an, wurde aber mit der kommunistischen Machtübernahme ab 1949 wesentlich verstärkt. Der Druck, ein Milliardenvolk ernähren und den Bauern zu Wohlstand verhelfen zu müssen, hat eine Politik begünstigt, die in der Umwandlung von Wäldern in Grasland, von Seen in Weizenfeldern eine Lösung sah, den wirtschaftlichen Aufschwung herbeizuführen.
Die expandierende Landwirtschaft und Industrie hat in der Ära Mao Zedongs nicht nur einen wachsenden Flächenbedarf, sondern auch einen erhöhten Bedarf an Holz mit sich gebracht: Nach offiziellen Angaben wurden zwischen 1950 und 1957 1,33 Millionen Hektar Wald geschlagen, aber nur 241977 Hektar (18,2 Prozent) wieder aufgeforstet. Als 1958 Mao Zedong die Wirtschaft mit der Kampagne des »großen Sprungs« fördern wollte, begannen die Sägen zuerst an den Wurzeln des Waldbestandes zu arbeiten, um den gestiegenen Holzbedarf der Wirtschaft zu befriedigen.
Mit der Getreidekampagne Ende der 60er Jahre wurde die Kahlschlagspolitik fortgesetzt: Dem Mangel an Ackerfläche und Dünger versuchten Politiker durch die Erschließung neuer Anbauflächen für Getreide zu begegnen. Um die wachsende Bevölkerung Chinas zu ernähren, so die offizielle Mitteilung damals in Beijing, wurden die Wälder auf jenen Flächen gerodet, wo die Bodenqualität einigermaßen ausreichende Ernten versprach. 1981 registrierte das Forstministerium, daß durch Feuer und für Weizen- und Reisfelder seit 1949 insgesamt 6,7 Millionen Hektar Wald geopfert worden waren. Doch China mußte die bittere Erfahrung machen, daß zwar das neue Ackerland kurze Zeit frucht-

bar war, nach wenigen Jahren aber, als die organischen Nährstoffe im Boden verbraucht waren und Erosion den Humus fortspülte, die Ernteerträge wieder rapide sanken. In vielen Regionen wurde wiederum eine erneute Rodung der Wälder notwendig. Hinzu kam der Bedarf der Bevölkerung an Feuerholz, dem im Süden auch heute noch zahlreiche Waldbestände zum Opfer fallen. Von den 50er bis Ende der 70er Jahre lieferten die Wälder von Heilongjiang nahezu die Hälfte des gesamten Holzbedarfs der Volksrepublik. Zwischen 1949 und 1978 wurden über 1,1 Milliarden Kubikmeter Holz verbraucht, während der Zuwachs in den aufgeforsteten Plantagen nur 600 Millionen Kubikmeter betrug. Zwischen 1964 und 1978 fällten Waldarbeiter in den Bergen von Hinggan rund 200000 Hektar Wald, ohne daß ein einziger Baum wieder angepflanzt wurde. 100000 Hektar Wald verlor die Provinz Jichun in den letzten zwei Jahrzehnten, weil der Einschlag 2,5mal höher war als die Wiederaufforstung.

Die beunruhigendsten Berichte über Entwaldungen kamen aus der Provinz Sichuan sowie aus dem Tal des Yangtze, wo ab den 60er Jahren systematisch mit der »Ernte« begonnen wurde: Zwar durften genau nach Plan nur 760000 Kubikmeter Holz pro Jahr aus den Wäldern entfernt werden, doch in einzelnen Forstbezirken wurde das Zwei- bis Dreifache gerodet: 1,4 bis 2,1 Millionen Kubikmeter. Insgesamt sind seit den 50er Jahren die Waldbestände in der Provinz Sichuan um 30 Prozent zurückgegangen, in einzelnen Forstbezirken sogar um bis zu 70 Prozent, so daß von den 139 Bezirken heute nur noch zwölf mehr als zu 30 Prozent bewaldet sind, während in 91 Bezirken der Waldbestand unter zehn Prozent und in weiteren 14 unter ein Prozent gesunken ist.

In Yunnan waren Anfang der 50er Jahre noch 55 Prozent der Fläche bewaldet, bis 1975 ging der Anteil auf 30 Prozent zurück, wobei die jährliche Rodung von 26 Millionen Kubikmetern doppelt so umfangreich war wie die Zuwachsrate durch Wiederaufforstung. Durch Feuer, Landwirtschaft und illegale Rodung gehen nach Auffassung von Fachleuten jährlich weitere 3300 Hektar Wald verloren.

Auf der Insel Hainan waren 1949 noch 25,7 Prozent oder 863000 Hektar mit tropischem Wald bedeckt, Anfang der 80er Jahre wurden nur noch 7,2 Prozent oder 242000 Hektar registriert. Seitdem ist die Holzproduktion auf der Insel rückläufig: Von 64 Millionen Kubikmetern im Jahr 1949 sank die Ernte auf 29 Millionen Kubikmeter im Jahre 1980.

Allein in der Provinz Guangdong ist nach Schätzungen des Forstministeriums innerhalb von drei Jahren zwischen 1978 und 1980 der Waldbestand um 470000 Hektar zurückgegangen.

In Chinas reichstem subtropischen Regenwald in der Provinz Fujian wurden 1949 noch Holzvorräte in Höhe von 178 Millionen Kubikmetern registriert, 1980 waren nur noch 89 Millionen Kubikmeter vorhanden. Zwar gehen die Pläne in Fujian davon aus, daß jährlich nur noch drei Millionen Kubikmeter Holz geschlagen werden dürfen, doch die tatsächliche Menge beträgt über 20 Millionen Kubikmeter, so daß in der zweiten Hälfte der 70er Jahre jährlich rund 270000 Hektar Forst der Hacke zum Opfer fielen.

Doch nicht nur durch den Raubbau der Menschen, sondern auch durch Feuer verringert sich der Bestand kontinuierlich: 1977 fielen Waldbränden 54 Millionen Bäume und 1979 30 Millionen Bäume zum Opfer.

Für einige Provinzen geben die Statistiken genaue Zahlen an: So wurden in der Provinz Heilongjiang zwischen 1949 und 1980 345000 Hektar Wald gerodet, in der Provinz Sichuan im gleichen Zeitraum 3,24 Millionen Hektar, in der Provinz Yunnan 10,8 Millionen Hektar, in der Provinz Guangdong zwischen 1979 und 1980 470000 Hektar und in der Provinz Fujian zwischen 1976 und 1980 1,3 Millionen Hektar – eine Fläche von insgesamt über 16 Millionen Hektar. Fachleute schätzen, daß zwischen 1949 und 1980 in der Volksrepublik China insgesamt rund 20 Millionen Hektar Wald vernichtet wurden. Bezogen auf 1949, als insgesamt 83 Millionen Hektar Wald (8,6 Prozent der Gesamtfläche) noch vorhanden waren, beträgt der Verlust knapp 25 Prozent.

Dieser Raubbau innerhalb von drei Jahrzehnten hat Folgen, die sich deutlich als Störung des ökologischen Gleichgewichts und als Mangel an Rohstoffen auswirken. Im wirtschaftlichen Bereich sind Engpässe bei Rundhölzern, Sägehölzern und Papier zu beobachten.
Betroffen sind beispielsweise die Kohleminen Chinas, die für die Förderung von 1000 Tonnen aus dem Untergrund durchschnittlich 13 bis 25 Kubikmeter Holz zum Abstützen der Stollen brauchen. Der Bau von einem Kilometer Eisenbahnlinie erfordert weitere 200 bis 300 Kubikmeter Holz für die Schwellen, und für jede Tonne Papier, die hergestellt wird, verbraucht man 1,5 Tonnen Frischholz.
Betrifft der Holzmangel diese Wirtschaftsbranche direkt, so wirken sich Veränderungen des ökologischen Gleichgewichts indirekt vor allem auf die Landwirtschaft und die Ernteerträge aus. So wurden bereits in einzelnen Gebieten Klimaveränderungen festgestellt –

nach dem Verlust des Waldes, der das Klima geregelt hat, werden in den einzelnen Regionen bereits höhere Temperaturen im Sommer und niedrigere im Winter registriert.
Nachdem kein Wurzelwerk die Regenfälle mehr aufsaugt und das Oberflächenwasser rascher abfließt, und nachdem Wind und Sonne die ungeschützte Oberfläche direkt erreichen, hat sich die Verdunstungsrate drastisch erhöht. Damit wurde in China der Raubbau an den Wäldern ein wichtiger Faktor, der zur steigenden Unfruchtbarkeit der Böden beiträgt.
Ein typisches Beispiel für die Folgen des Waldverlustes liefert der Bezirk Qingzhen auf dem Plateau von Guizhou: 1949 waren noch 30 Prozent der Flächen mit Wald bedeckt, bis 1975 sank der Anteil auf unter 4,7 Prozent. Als Folge davon sind 54 Prozent der Landwirtschaftsfläche, die nicht bewässert werden, von Bodenerosion betroffen. Der jährliche Niederschlag sank von 400 bis 500 Millimeter auf 120 bis 155 Millimeter pro Quadratmeter, Dürreperioden mit bis zu 74 regenlosen Tagen werden immer häufiger. Seit Jahren nehmen die Erträge auf den Weizenfeldern nicht mehr zu, und die Versteppung des Graslandes zwischen 1957 und 1978 hat dazu geführt, daß die Ziegen- und Schafherden um nahezu 90 Prozent verringert werden mußten.

Von chinesischen Politikern und Behörden werden die ökologischen und wirtschaftlichen Folgen der Waldzerstörung klar erkannt. Sie handeln unter Zeitdruck, aber nicht immer mit den richtigen Methoden. So werden zahlreiche Gebiete mit Nadelbäumen wieder aufgeforstet. Diese Monokulturen sind die idealen Brutplätze für Schädlinge: Nach Statistiken des chinesischen Forst-

ministeriums aus dem Jahr 1987 hat die Fläche der durch Insekten und Baumkrankheiten gestörten Wälder seit Jahren zugenommen. Heute ist ein Viertel der wiederaufgeforsteten Gebiete bereits geschädigt, rund 2,7 Millionen Hektar Nadelwald sind von Kiefernspannern befallen.
Schädlinge und Baumkrankheiten vernichten jährlich mehr als 330000 Hektar Laubbäume, ein Verlust von zehn Millionen Kubikmetern Holz, wie das Ministerium klagt. Und seit mehreren Jahren sind, so die Behörde, »die von Insekten und Baumkrankheiten befallenen Waldgebiete in China dreimal so groß wie die durch Waldbrände zerstörten Flächen«.

Nach wie vor ist auch für die Behörden Chinas das illegale Baumfällen ein ungelöstes Problem. Im Juni 1987 forderte ein Beamter des Forstministeriums verschärfte Maßnahmen in zehn Provinzen Südchinas, wo in noch größerem Ausmaß »Kriminelle«, so die Behörden, allein im Jahr 1986 über 100000 Hektar Wald oder 2,5 Millionen Kubikmeter Holz illegal eingeschlagen haben. In einigen Gebieten von Guizhou und Guangxi sind Bauern auf Motorrädern in die Wälder gefahren, um sich Holz zu holen, und haben dabei die Sperren der Forstbehörden durchbrochen und mehrere Waldhüter verwundet. Danach haben sie Bäume zersägt und mit den Motorrädern nach Hause transportiert. Im Februar 1987 sind Bauern in der Provinz Jiangxi in den Staatsforst eingedrungen, um über 2000 Kiefern und Bambusbäume zu roden. Dabei wurden zwei Forststationen niedergebrannt und fünf Wohnungen von Forstbeamten gestürmt. Die Bauern haben den Direktor des Staatswaldes sowie einige Forsthüter verwundet. Ein paar

Monate später sind wieder Bauern auf das Gelände des Staatsforstes vorgedrungen und haben 200 Kubikmeter Holz gestohlen, da die erste Tat unbestraft geblieben war.

Ohne Wald aber ist der Boden schutzlos den Kräften der Witterung preisgegeben. Wie kaum ein anderes Land auf der Erde hat China mit der Erosion zu kämpfen: In Sommermonaten spülen die Regenfälle des Monsuns Humus und Nährstoffe fort, im Winter trägt der Wind vor allem in den trockenen Gebieten des Nordwestens fruchtbare Erde über Hunderte von Kilometern davon. Betroffen von beiden Erosionskräften ist das Lößplateau, wo jährlich bis zu 12000 Tonnen fruchtbare Ackererde pro Quadratkilometer fortgeweht und fortgeschwemmt werden.
Diese Naturkräfte hat der Mensch entfesselt, wie das Beispiel des Bezirkes Guyuan in der Provinz Ningxia zeigt: 1949 ernteten die Bauern pro Kopf 410 Kilogramm Getreide, und Mitte der 60er Jahre konnten sie über 4300 Tonnen Pflanzenöl und mehr als 3000 Schafe verkaufen. Danach wurde in 13 Gemeinden das Weideland für den Weizenanbau umbrochen und der noch auf 20 Prozent der Fläche vorhandene Wald abgeholzt. Der Anteil der Ackerfläche stieg damit auf über 82000 Hektar, und in den ersten paar Jahren war der Boden noch fruchtbar genug, um eine Ernte von 250 Kilogramm Getreide pro Hektar zu ermöglichen. Doch nach 1977 sanken die Erträge auf 100 Kilogramm pro Kopf – ein Viertel der Menge, die zur Sicherung der Ernährung dient –, und nur noch 400 Tonnen Pflanzenöl und 800 Schafe wurden verkauft. Das Einkommen der Bevölkerung verringerte sich auf 19 Yuan pro Jahr und Kopf.

Zahlreiche andere Orte litten unter der gleichen Entwicklung: In Maolin in der Provinz Shaanxi entfielen 1943 auf jeden Einwohner noch 700 Kilogramm Getreide, 1977 war die Ernte auf 250 Kilogramm gesunken. Statistiken, die derlei lokale Krisen gern verschleiern, gaben für 1986 noch eine Getreideernte von 1,2 Tonnen pro Hektar an, doch auch der Vergleich mit dem Landesdurchschnitt – 4,3 Tonnen pro Hektar – zeigt deutlich den Rückgang.

Aber die Erosion hat nicht nur die Felder ruiniert und Hungerernten eingebracht, sondern bereits auch das Klima verändert: Der jährliche Niederschlag ist geringer als die Bodenfeuchtigkeit, und auch die Verdunstungsrate nimmt drastisch ab. Im Winter werden längere und härtere Frostperioden beobachtet, die in einigen nördlichen Provinzen Chinas nicht mehr den Anbau aller Getreidesorten erlauben.

Die fruchtbare Erde, die auf dem Lößplateau nach den Regenfällen vom Gelben Fluß, dem Huang He, fortgespült wird, führt in der Regel flußabwärts zu einer erneuten Katastrophe: Bei Hochwasser werden die Felder in den Tiefebenen mit bis zu 650 Kilogramm Sand und Lehm pro Kubikmeter Wasser, vereinzelt auch bis zu 1,5 Tonnen pro Kubikmeter, überschwemmt.

Doch von diesem Phänomen ist in China nicht nur die Lößebene betroffen: Weitere 360000 Quadratkilometer oder knapp ein Fünftel des ganzen Einzugsgebietes des Yangtze leiden unter vergleichbaren Problemen. Jährlich, so schätzen Fachleute, spült dieser Fluß 2,4 Milliarden Tonnen Erde in das Meer, 50 Prozent mehr als der Huang He.

Im Becken von Yunnan gehen durch Erosion seit 1974

über 290 Millionen Tonnen Erde verloren, 160 Millionen Tonnen mehr als 1958.

Durch den Raubbau an den Wäldern stiegen auch in den Provinzen Sichuan und Guizhou die Verluste durch die Erosion drastisch an: In den Flußtälern der drei Sichuanflüsse Jialing Jiang, Tuo Jiang und Fu Jiang werden jährlich rund 250 Millionen Tonnen Erde fortgespült, was einer Humusschicht von zwölf Zentimetern Stärke auf einer Fläche von 100000 Hektar Ackerland entspricht. Der Hauptteil dieser Humusfracht setzt sich am Grund der Flüsse ab, hebt den Wasserstand und steigert damit auch die Gefahr neuer Überschwemmungen.

So ist in den letzten Jahren in Hunan der See Dongting Hu durch die Ablagerung von Erde um 1600 Quadratkilometer kleiner geworden, und in Jiangxi ist in Chinas größtem Frischwassersee, dem Poyang Hu, der Anteil an Sedimenten gegenüber den 50er Jahren um 29 Prozent gestiegen. In sieben anderen Hauptflüssen Chinas hat die Versandung in den Jahren 1966 bis 1975 gegenüber dem Zehnjahreszeitraum zuvor um durchschnittlich 23 Prozent zugenommen.

Zu den Folgen der Erosion gehört auch, daß beispielsweise in der Provinz Jiangxi seit 1957 die Schiffahrt auf rund 1000 Kilometern Flußstrecke eingestellt werden mußte, ebenso auf den insgesamt 214 Wasserläufen in der Provinz Hubei seit 1960 auf einer Gesamtlänge von 6455 Kilometern.

Der einzige Ausweg, der China zur Lösung des Erosionsproblems bleibt, ist die Aufforstung.

1980 veröffentlichte der Wissenschaftler Li Changzhe eine Studie, in der er die Schutzwirkung der Wälder am

Beispiel des südlichen Teils der Provinz Henan darstellte. Dort hatte es im August 1975 innerhalb von drei Tagen 800 bis 1000 Millimeter geregnet. Li hatte zwei Gebiete untersucht: Das eine ist nur zu 20 Prozent mit Wald bedeckt. Innerhalb kurzer Zeit nach dem Einsetzen der Regenfälle schwollen die Bäche und Flüsse an, während in dem anderen Gebiet, wo rund 80 Prozent der Fläche mit Wald bedeckt sind, kaum eine Veränderung an den Wasserständen der Bäche zu beobachten war. In einer Langzeituntersuchung fand der Wissenschaftler heraus, daß in den weniger bewaldeten Gebieten der Grund der Bäche sich durch Schwemmsand um 20 bis 40 Zentimeter erhöht hatte, dagegen in den Waldgebieten nur um 1,5 Millimeter angestiegen war.

Hochrechnungen für ganz China zeigen, daß jährlich rund fünf Milliarden Tonnen fruchtbare Ackererde verlorengehen – und damit auch wichtige Nährstoffe, wie Stickstoffe und Phosphate. Der amerikanische Geographiedozent Vaclav Smil hat aufgrund dieser Daten errechnet, daß in China jährlich mehr Nährstoffe durch Erosion verlorengehen, als die einheimische Düngemittelindustrie herzustellen vermag. Und während China jährlich Wasservorratsbecken mit einer Kapazität von 260 Millionen Kubikmetern neu baut, verschwindet in dem gleichen Zeitraum Stauraum für 80 Millionen Kubikmeter durch die Versandung von Seen und anderen offenen Gewässern.

Knapp 11,5 Prozent oder 1,1 Millionen Quadratkilometer Landfläche werden in China von Wüsten eingenommen. Sie liegen vor allem im Nordwesten und Norden des Landes. Seit 1949 dehnen sie sich kontinuierlich aus, wofür direkter menschlicher Einfluß verantwortlich ist: Zwischen 1949 und 1980 nahmen die Wüsten insgesamt um rund 65000 Quadratkilometer zu, eine Fläche, die doppelt so groß ist wie Belgien und Luxemburg zusammen. 91 Prozent dieses Landverlustes sind eindeutig auf falsche Landnutzung zurückzuführen. Bedroht sind weitere 160000 Quadratkilometer. Betroffen ist vor allem die Mongolei, wo in 86 Regionen gegen Verwüstung gekämpft wird und weitere 33000 Quadratkilometer Farm- und Weideland von wandernden Sanddünen begraben zu werden drohen. Die Region Ih Ju hat nach chinesischen Angaben zwischen 1957 und 1972 über 12000 Quadratkilometer Weideland verloren, und seit den 70er Jahren sind weitere 2000 Quadratkilometer in akuter Gefahr zu versanden. Im Bezirk Ju Ud sind bereits 40 Prozent des ursprünglichen Weidelandes, rund 47000 Quadratkilometer, von Sand verschüttet.

Seit 1978 versucht die chinesische Regierung, mit der »grünen Mauer« diesen Landverlust zu stoppen. Jeweils am 12. März ist nationaler Baumpflanztag, an dem jeder Einwohner des Landes seit 1979 verpflichtet ist, vier bis sechs Jungbäume zu pflanzen. Mit der Hilfe des ganzen Volkes soll in den nächsten 15 Jahren erreicht werden, daß ein Fünftel des ganzen Landes wieder mit Bäumen bepflanzt ist. Wird von diesem Ziel nur die Hälfte realisiert, so ist das dennoch ein Fortschritt: dann wären insgesamt zehn Prozent der Landesfläche bewaldet, zwei Prozent mehr als 1949.

Am 14. April 1988 brach im Bezirk Luonan in der Provinz Shaanxi der Damm eines Staubeckens. Zwei Menschen ertranken in den Fluten, über 40000 Menschen wurden obdachlos. Aber es geschah noch mehr: Mit den Fluten aus dem Speichersee schwappte auch eine Welle von Gift über das Land, das von den beiden Flüssen Maping und Luohe weiter verteilt wurde. Um welche Giftstoffe es sich genau handelte, darüber schwiegen die Behörden, doch sie klagten, daß die Flut für die landwirtschaftliche Produktion »ernsthafte Probleme« und für die Bevölkerung »große Sorgen« mit sich gebracht habe. Insgesamt waren 200 Hektar Ackerland in zwölf Städten betroffen. In vier Gemeinden mit 4700 Einwohnern hat die Flutwelle 137000 Bäume und 250 Teiche fortgespült, 25 Holzbrücken mitgerissen und 18 Kilometer Straße zerstört. Ein Nebensatz in der offiziellen Katastrophenstatistik warnte die Bevölkerung, nicht von dem vergifteten Wasser zu trinken. Wasser sollte aus anderen Gebieten geholt oder neue Brunnen sollten gegraben werden.

Eine Woche vorher hatten die Behörden darauf hingewiesen, daß die Seen in China vor großen Problemen stünden: Versalzung, Vergiftung und Versandung. Gefährdet seien nicht nur die Landwirtschaft und die Umwelt, sondern allgemein auch die Funktion der Seen als Hochwasserrückhaltebecken. Im Frühjahr 1988 wurden in der Volksrepublik insgesamt 2300 Frischwasser- und Salzwasserseen gezählt, mit einer Wasseroberfläche von über einem Quadratkilometer. Doch nach den Statistiken des Wasserwirtschafts- und Energieministe-

riums aus dem Jahr 1981 müßten es ingesamt 2800 sein. Den Verlust von 500 Seen erklärte Liu Shukun, Abteilungsleiter beim Wasserwirtschaftsministerium in Beijing mit überdurchschnittlichem Wasserverbrauch und Versandung. Nach den Statistiken des Ministeriums haben beispielsweise auch sechs große Seen im mittleren und unteren Einzugsbereich des Yangtze in den letzten vier Jahrzehnten ihre Oberfläche um 42 Prozent verringert. Viele Seen seien auch vergiftet, erklärt Li Guifen, ebenfalls Abteilungsleiter beim Wasserwirtschaftsministerium. Von 35 Seen seien 17 kontaminiert. Für weitere fünf Seen in Ost- und Zentralchina, den Boyang-, Dongting-, Taihu-, Hongze- und Caohusee, erwartet der Wasserfachmann, daß bis zum Jahre 2000 das Wasser ebenfalls ungenießbar sein werde, falls nicht energisch Maßnahmen ergriffen würden. Andere Binnengewässer seien der Gefahr der Eutrophierung ausgeliefert, vor allem im Einzugsbereich von großen Städten.
Doch nicht nur durch den steigenden Anteil an ungenießbarem Wasser, sondern auch durch den steigenden Verbrauch scheint China zunehmend auf eine Trockenheit zuzusteuern. Nach den Angaben von Hydrologen verfügt die Volksrepublik über Grundwasservorräte in Höhe von 800 Milliarden Kubikmeter pro Jahr, von denen 500 Milliarden Kubikmeter im Süden des Landes vorkommen. Doch die Vorräte sind nicht nur ungleich verteilt, sondern werden auch unterschiedlich genutzt: Von den 460 Milliarden Kubikmetern Wasser, die jährlich in China verbraucht werden, stammen zwölf Prozent (55 Milliarden Kubikmeter) aus dem Untergrund. Davon werden 73 Prozent (40 Milliarden Kubikmeter allein in den 17 nördlichen Provinzen aus der Tiefe gefördert, und bis zum Jahre 2000 soll sich diese Menge

verdoppeln oder gar verdreifachen. Das Leben in zehn Städten Nordchinas, in Beijing, Tianjin, Shenyang (Liaoning) Baotou und Hohhot (Innere Mongolei), Xian (Shaanxi), Taiyuan (Shanxi), Jinan (Shandong), Harbin (Heilongjiang) und Wulumuqi (Xinjiang), hängt bereits heute vom Grundwasser ab. Ohne Grundwasser gäbe es im Norden der Volksrepublik auch keine künstliche Bewässerung in der Landwirtschaft. Über 400000 Brunnen haben allein in der Provinz Hebei seit 1960 jährlich zehn Milliarden Kubikmeter Wasser gefördert, um damit 20 Millionen Hektar Ackerland zu bewässern. Bei dieser intensiven Nutzung ist es nicht weiter verwunderlich, wenn an einigen Orten der Wasserspiegel im Untergrund kontinuierlich absinkt: Beispielsweise ist in Beijing der Bedarf seit 1949 um das Hundertfache auf 400 Millionen Kubikmeter Wasser pro Jahr gestiegen. Seit Jahren sinkt der Wasserspiegel gleichmäßig um 1,5 Meter ab, in Tianjin sogar um durchschnittlich 4,4 Meter pro Jahr, während er in Shijiazhuang in der Provinz Hebei jährlich »nur« um drei Meter zurückgeht.

Die Folgen dieser Entwicklung sind nicht nur steigende Wasserpreise, da immer häufiger neue Brunnen immer tiefer gegraben werden müssen, sondern auch eine steigende Gefahr der Grundwasserverschmutzung: Vor allem in Ballungsräumen gelangen immer mehr Schadstoffe in den Untergrund. So hat eine Gruppe von chinesischen Hydrologen bereits 1980 aufgezeigt, daß in 41 von 440 Ballungsräumen das Grundwasser hohe Schadstoffkonzentrationen aufweist und in neun Fällen (Beijing, Xian, Shenyang, Taiyuan, Baotou, Jinzhen, Baoding, Changchon und Jilin) die Kontamination bereits kritische Werte erreicht hat. Die meisten Schadstoffe sind Phenole und Zyanide, Arsen, Chrom und Nitrate. In den Küstenbereichen, beispielsweise in den Städten Shanghai, Tianjin und Dalian, hat die Entnahme von Grundwasser dazu geführt, daß vom Meer her Salzwasser in den Boden eindringt und sich mit dem Süßwasser vermischt.

Die Wasserverschmutzung bedroht aber nicht nur das Trinkwasser, sondern auch Gemüse und Getreide. Denn außer in Ägypten werden nirgendwo anders so große Flächen künstlich bewässert wie in China. Wenn von 78 untersuchten Wasserläufen 54 verschmutzt sind und darunter die 14 größten chinesischen Flüsse als ernsthaft vergiftet bewertet werden, kann das für die Landwirtschaft nicht ohne Folgen bleiben. So gab es in Shenyang, wo verschmutztes Wasser wiederholt zur Bewässerung eingesetzt wurde, zahlreiche Fälle, in denen Gemüse vernichtet werden mußte, nachdem Chromkonzentrationen im Kohl mit 5,2 Milligramm pro Kilogramm und im Spinat mit sechs Milligramm pro Kilogramm die Nahrungsmittel ungenießbar gemacht hatten. Auch Cadmium hatte wiederholt den Reis verdorben (ein Milligramm pro Kilogramm), denn nach den Normen der Weltgesundheitsorganisation ist nur ein halbes Milligramm Cadmium pro Woche bei Erwachsenen tolerierbar. Noch erschreckender waren die 1980 gemessenen Quecksilberkonzentrationen in den Bewässerungsgräben der Provinz Xian: Sie waren 440mal höher als die chinesischen Grenzwerte oder fünfmal höher als jene Werte, die die Japaner bei der Umweltkatastrophe in der Minamatabucht gemessen hatten.
Die künstliche Bewässerung der Felder hat in China Tradition, und ohne diese Anlagen wären auch nicht

derartige Fortschritte in der Nahrungsmittelproduktion zu verzeichnen. Die Erfolge, die seit 1949 im Ausbau der Infrastruktur errungen worden sind und die auch von den Politikern zu Recht herausgestellt werden – alleine die Zahl der Pumpstationen stieg von 100000 in den 50er Jahren auf über zwei Millionen im Jahre 1980 –, werden vielleicht künftig eine tragische Kehrseite zeigen: Nahezu die Hälfte der gesamten chinesischen Ernte wird durch künstliche Bewässerung ermöglicht, und mit einer zunehmenden Vergiftung des Rohstoffes Wasser durch Schadstoffe läuft die Landwirtschaft Gefahr, ihre Felder zu vergiften.

Nach einer Statistik aus dem Jahre 1979 fließen täglich 77,8 Millionen Kubikmeter oder jährlich 28,4 Milliarden Kubikmeter Abwasser ungereinigt in den Naturhaushalt. Mit jedem Kubikmeter Abwasser werden weitere 14 Kubikmeter Flußwasser vergiftet, so daß heute die mittleren und unteren Läufe der chinesischen Flüsse als durchaus ernsthaft verschmutzt gelten können. Alleine in Shanghai produzieren die Einwohner täglich fünf Millionen Tonnen Abwasser, von denen nur 200000 Tonnen gereinigt werden, während der Rest ungeklärt von den Flüssen fortgespült wird. Aus diesen Gewässern, wie beispielsweise dem Suzhou- und dem Huangpufluß, wird gleichzeitig wiederum ein Großteil des Trinkwassers für Shanghai gewonnen. Vor allem während der Sommermonate, wenn die Landwirtschaft aus diesen Flüssen Wasser auf die Felder pumpt, steigt die Konzentration von Schadstoffen besonders stark, denn dann mischt sich das Flußwasser im Verhältnis 1:1 mit dem Abwasser.

In der Hauptstadt Beijing ist die Situation nicht viel unproblematischer. Hier werden rund zehn Prozent der 1,8 Millionen Tonnen Abwasser, die täglich anfallen, gereinigt, wobei nur der grobe Dreck entfernt, die »feine« Chemie allerdings ungefiltert in einen der 32 Flüsse geleitet wird. 28 der Wasserläufe, die durch Beijing ziehen, sind daher verschmutzt, das Baden ist zuweilen ein Gesundheitsrisiko. Im Dezember 1979 brannte sogar der Kanal Ba He in der Hauptstadt: Nachdem Bauern ihre glühenden Holzkohlen auf die offene Wasserfläche geworfen hatten, stand der Kanal in Flammen: Ölhaltige Industrieabfälle gaben dem Feuer reichlich Nahrung.

Doch nicht nur in Großstädten, auch in kleineren Kommunen auf dem Lande ist die Umwelt alles andere als in Ordnung: Dort rauscht das Abwasser meist noch ungeklärt in die Vorfluter, und immer nur dann, wenn größere Katastrophen zu sichtbaren Schäden führen, wird deutlich, wie ernst das Problem der Wasserverschmutzung in China ist.
So wurde im Februar 1979 ein Fall am Fluß Li, nahe der Stadt Guilin, bekannt, wo Phenol-, Zyanid- und Quecksilberkonzentrationen im Wasser so hoch waren, daß die Kormoranfischer wieder zur Angel greifen mußten, nachdem ihre Vögel vergiftet worden waren. Die Regierung forschte nach den Ursachen und ließ drei Fabriken schließen, die ihre Abwässer in den Fluß geleitet hatten. Doch nicht nur einzelne Fabriken, sondern die ungeklärten Abwässer von Millionen von Bauernhöfen und Tausenden von Haushalten auf dem Land sorgen für eine gleichmäßige und systematische Verschmutzung der Wasseradern Chinas, von denen das Land lebt:

Flußwasser liefert landesweit das Trinkwasser, und wenn auch nach dem Abkochen Bakterien vernichtet sein mögen, so sind Schwermetalle und andere giftige Substanzen noch lange nicht verschwunden.

Die Luft macht das Atmen schwer

Während der Wintermonate schließen kalte Luftmassen wie eine Glocke den Luftraum über Beijing ab. Kein frischer Wind vermag die unsichtbare Mauer zu durchbrechen und die Stadt zu durchlüften. Unterhalb dieser Dunstglocke aber beginnt es zu dampfen: In Tausenden von Kohleöfen verbrennt Rohkohle, die wesentlich mehr Schadstoffe enthält und mehr Asche hinterläßt als gereinigte Kohle. Aus Tausenden von Kaminen strömen Ruß, Schwefeldioxid und Kohlenmonoxid, die den Luftraum unter der Dunstglocke verpesten. So wie in Beijing ist während der Wintermonate über den meisten Städten Chinas die Atmosphäre dunstig, die Sonne erscheint als diffuser Punkt am Himmel.
Doch in Beijing weiß man genauer als anderswo in China, womit sich die Smogglocke über der Stadt füllt: In den letzten Jahren waren es über 700 Milligramm Staub pro Kubikzentimeter Luft, was im Vergleich die 22 Milligramm Londons, die 43 Milligramm New Yorks oder die 48 Milligramm in Tokio unerheblich erscheinen läßt. Halbstündlich wird in neun Meßstationen der Hauptstadt die Luftqualität gemessen und die Ergebnisse im Zentrum für Umweltüberwachung auf dem Bildschirm gezeigt: Die Schwefeldioxidwerte liegen viermal, die Ozonwerte dreimal über den bundesdeut-

schen Grenzwerten, der Staubniederschlag erreicht das Dreieinhalbfache. Staub, Asche und Schwefeldioxid werden überall in die Luft verteilt, alleine in der Provinz Shanxi sind es fast zehn Prozent der im ganzen Land freigesetzten Mengen: jährlich neun Millionen Tonnen Asche, 1,5 Millionen Tonnen Staub und eine Million Tonnen Schwefeldioxid. In den Städten entfallen in strengen Wintern auf jeden Quadratkilometer durchschnittlich 38 Tonnen Staub pro Monat, bei Sandstürmen können es bis zu 80 Tonnen sein. Der jährliche Durchschnitt wird mit 50 Tonnen pro Quadratkilometer angegeben, in der Nähe von Industrieanlagen, wie Stahlkochereien, werden Staubmengen von 600 bis 1000 Tonnen pro Quadratkilometer monatlich registriert. In Shanghai hat es in einigen Gebieten sogar Spitzenwerte von 1822 Tonnen gegeben. Die Hauptstadt Taiyuan der Provinz Shanxi ist laut Statistik nach Shanghai die schmutzigste Stadt Chinas. Nach den Vereinigten Staaten und der UdSSR liegt China heute an dritter Stelle beim Verbrauch von Primärenergie: Sie wird zu 70 Prozent aus Kohle gewonnen, zu 20 Prozent aus Schweröl und zu sieben bis acht Prozent aus Erdgas und Wasserkraft.

In Tianjin ist mittlerweile die schweflige Luft über der Stadt weniger gelb geworden, nachdem 28 Prozent der Haushalte Gasanschlüsse erhalten haben und nun die Verwaltung vor dem Problem steht, ob künftig die Industrie oder der Stadtkern vorrangig auf Gas umgestellt werden soll.

Entschieden ist im Moment noch nichts, doch im Zweifelsfalle werden Betriebskosten und erwartete Mehreinnahmen den Ausschlag geben. Auch in Shanghai, wo die Stromerzeugung mit acht Kraftwerken, zwei Kohlekraftwerken und zwei Anlagen mit Ölfeuerungen noch lange nicht mit dem wachsenen Verbrauch mithalten kann und die Industriebetriebe sich in Sonntags- und Nachtschichten abwechseln müssen, senken sich braune Schwaden über die Stadt. Doch diese vertreibt häufig der Seewind, der durch die Frischluftzufuhr die Abgasfahnen verdünnt. »Umweltschutz gibt es auch in China«, erklärt der Leiter des Shanghaier »Elektrizitätsbüros« und erläutert auch bereitwillig, was darunter zu verstehen sei: ein Zusammenhang zwischen den Emissionsgrenzwerten und der Höhe der Schornsteine. Ist der Kamin nur 30 Meter hoch, so dürfen Schwefeldioxid und Staub nur in einer Menge von 82 Kilogramm pro Stunde emittiert werden, bei 60 Metern Höhe sind es bereits 310 Kilogramm pro Stunde, bei 100 Metern 1200 Kilogramm pro Stunde und bei 150 Metern dürfen bis zu 2400 Kilogramm in der Stunde herausgeblasen werden. Selbstverständlich sei es billiger, räumt er nach einigem Zögern ein, höhere Schornsteine zu bauen als teure Rauchgasreinigungsanlagen, doch, so betont er, in einigen Abluftkaminen von Kraftwerken in Shanghai seien bereits Elektrofilter installiert, um den Staubanteil im Abgasstrom zu verringern.

Doch die Folgen der Luftverschmutzung trüben nicht nur die Sonnenuntergänge: In China weiß man im Gegensatz zu anderen Ländern, wie beispielsweise auch in europäischen, genau, wie hoch der Preis für die Umweltverschmutzung ist: Während durchschnittlich vier bis fünf Menschen pro Hunderttausend in der Volksrepublik an Lungenkrebs sterben, sind es in den Städten

17 bis 31. In Beijing stieg die Rate an Lungenkrebserkrankungen zwischen 1974 und 1978 um 30 Prozent. Chinesische Forscher haben inzwischen auch ausgerechnet, daß durch die Luftverschmutzung in Beijing, Shanghai, Wuhan und Guangzhou jährlich über 3,5 Millionen Arbeitstage verlorengehen und neben chronischen Krankheiten rund 6000 Todesfälle zu beklagen sind, deren Ursache direkt auf die Luftverschmutzung zurückzuführen ist. Doch sollten die chinesischen Behörden dazu übergehen, den Staubanteil zu reduzieren, so werden sie nach Ansicht westlicher Fachleute mit einem neuen Problem konfrontiert werden: dem sauren Regen. Bislang hat der Staubanteil Schwefeldioxid und Stickoxide derart neutralisiert, daß sich die Übersäuerung des Niederschlags und der Gewässer in Grenzen hielt.

Im roten China ist Umweltschutz noch eine graue Theorie

Im Frühjahr 1988 gaben Chinas Behörden bekannt, daß sie ein nationales Register erstellen wollen, in dem alle Informationen über mögliche toxische Substanzen landesweit gesammelt werden sollen, um der Umweltverschmutzung Einhalt zu gebieten und die Zahl der chemischen Unfälle zu verringern. Ziel sei es, die Gesundheit der Menschen zu schützen und die Umwelt von giftigen Substanzen freizuhalten. Die holländische Regierung hat finanzielle Unterstützung für das Programm zugesagt, dessen Daten international ausgetauscht werden sollen. Auf einer internationalen Umwelttagung in Beijing erklärte Anfang April die Wissenschaftlerin

Sun Lijin, eine im Umgang mit giftigen Substanzen erfahrene Forscherin, daß chemische Substanzen zu einem der größten Umweltprobleme Chinas geworden seien. Bis Ende 1989, erklärte die Wissenschaftlerin, soll China ein Umweltschutzgesetz für Chemikalien erhalten. Bereits 1988 habe der Staat verschiedene Beschränkungen im Umgang mit Asbest, Quecksilber und synthetischen Ausgangsstoffen, wie chlorierten Ethylenen für die Kunststoffproduktion, erlassen. Die chemische Industrie Chinas sei aber weiterhin der größte Umweltverschmutzer im Abwasserbereich und stehe an dritter Stelle bei der Verseuchung der Luft durch Schadstoffe. Phenole, Zyanide, Chemikalien der Petrochemie, Arsen, Chrom, Cadmium und Quecksilber seien die Hauptschadstoffe im Wasser, listete Sun Lijin auf, in der Luft seien es Kohlenmonoxid und -dioxid, Schwefeldioxid und Staub.

Umweltschutz, zumindest in theoretischen Diskussionen, ist in China alles andere als ein Fremdwort. Im Zeitraum des siebten Fünfjahresplanes (1986 bis 1990) liegt ein Schwerpunkt der staatlichen Anregungen beim Schutz der Umwelt in den Städten. Zehn Milliarden Yuan wurden für den Bau von Zentralheizungen und die Versorgung mit Erdgas sowie für Abwasserreinigungs- und Abfallbeseitigungsanlagen zur Verfügung gestellt. Das ist ein Anfang, doch ob das ausreicht, ist mehr als fraglich.
Von der Kommission für Umweltschutz im Staatsrat wurde bereits im Jahre 1987 das »Chinesische Programm für Naturschutz« vorgelegt, in dem die Bedeutung und Notwendigkeit des Naturschutzes im Hinblick auf die chinesische Modernisierung erläutert und die

akuten Umweltprobleme hinsichtlich Land und Wasser beschrieben werden. Außerdem wurden Richtlinien festgelegt, die bei der Erschließung und zum Schutz der verschiedenen Naturressourcen und -gebiete eingehalten werden müssen. Ziel des Programms ist es unter anderem auch, das »Umweltbewußtsein des chinesischen Volkes zu erhöhen«.
Bereits vor Jahren hat sich die chinesische Regierung mehrmals mit dem Natur- und Umweltschutz auseinandergesetzt. 1979 wurde das »Umweltschutzgesetz der Volksrepublik China« erlassen, in dem die Aufgaben des Umweltschutzes, wie die Verhinderung von Umweltverschmutzung und -schäden, eindeutig festgelegt wurden. 1981 verabschiedete der Staatsrat den »Beschluß über die Intensivierung der Umweltschutzarbeit im Zuge der Entwicklung der Volkswirtschaft« und wies darauf hin, daß »der Schutz unserer Umwelt und die vernünftige Erschließung und Nutzung der Naturressourcen zu den elementarsten Aufgaben der Modernisierung gehören«.
Und wie anderswo, so wird auch in China zunächst geforscht: Es gibt zahlreiche Projekte im Lande über ökologische Methoden in der Landwirtschaft, verschiedene Kontrollstationen wurden errichtet, um zuverlässige Daten als Ausgangsbasis für künftige Planungen zu erhalten, und das erste »Rotbuch« über seltene, vom Aussterben bedrohte Pflanzen wurde gedruckt. Ein Band über vom Aussterben bedrohte Tiere soll zusammen mit den »Bestimmungen über die Verwaltung der Naturschutzgebiete« und dem »Gesetz für den Schutz von Wildtieren« demnächst veröffentlicht werden.
Neben den vorhandenen 360 Naturschutzgebieten sind weitere geplant, um durch eine gleichmäßige Vertei-

lung den Schutz aller Gebiete und Tierarten zu gewährleisten. Die meisten Daten über Chinas Umweltsituation sind erschreckend, doch sie stammen nicht etwa aus geheimen Unterlagen, sondern werden offiziell von den Behörden veröffentlicht. Diese offene Diskussion von Umweltproblemen begann in China erst nach 1978. Zahlreiche Umwelttagungen sorgen seitdem für ein steigendes Problembewußtsein in der Öffentlichkeit. So auch die vier Fachmagazine für Ökologie, die seit kurzem herausgegeben werden. Und im Gegensatz zu anderen Ländern sind die 6000 bis 7000 Ökologen, die heute in China arbeiten, nicht im Elfenbeinturm der Wissenschaft verschwunden, sondern publizieren allgemeinverständliche und kritische Beiträge in den großen chinesischen Tageszeitungen.
So schrieb 1980 Liu Peien in der *Guangming Ribao:* »Obwohl das Umweltschutzgesetz heute überall bekannt ist, gibt es keine Möglichkeit, es durchzusetzen, und in Wirklichkeit dient es nur als Propaganda.«

Dieses Engagement bei Wissenschaftlern in China ist häufig anzutreffen. Durch solche Beiträge gelangen die Umweltprobleme in das Bewußtsein der Öffentlichkeit und der Politiker; ob man jedoch stark genug ist, die notwendigen Maßnahmen zu ergreifen, bleibt fraglich: China will wirtschaftlich wachsen, und ob der Umweltschutzgedanke den Vorsprung aufholen kann, den die Entwicklung der Industrie in den letzten Jahren erreicht hat, ist gegenwärtig schwer abzuschätzen. Gerade auf dem Gebiet des Umweltschutzes ist China wirklich noch ein Entwicklungsland.

Der strahlende Fortschritt wirft seine ersten Schatten voraus

Hatte in den Zeiten des großen Parteiführers noch jeder Chinese die rote »Mao-Bibel« in der Tasche, um sich als linientreuer Genosse ausweisen und bei Bedarf die Worte des Vorsitzenden zitieren zu können, gibt es im China der 80er Jahre eine andere Lektüre, mit der der sozialistische Fortschritt dokumentiert wird: Zahlenwerke und statistische Jahrbücher sind zur Bibel der Nation geworden, die weniger ideologisch, sondern eher in Mark und Pfennig den Fortschritt im Land messen.

So hat sich beispielsweise nach den Statistiken der staatlichen Planungskommission in den ersten drei Monaten des Jahres 1987 die Kaufkraft der Bauern mit der Zunahme ihrer Einkommen erhöht. Zur Begründung wurde auf die Entwicklung hingewiesen, nach der in den ersten drei Monaten 1987 landwirtschaftliche Produktionsmittel im Wert von 15,25 Milliarden Yuan verkauft wurden, 35,1 Prozent mehr als im entsprechenden Vorjahreszeitraum. Auch der Verkauf von Kunstdünger stieg um 36 Prozent an, der Bedarf an Pestiziden nahm sogar um 79,6 Prozent zu, was wiederum jene Branche ankurbelte, die Sprühgeräte herstellt: Ihr Zuwachs betrug 83 Prozent. Mittlerweile hat sich auch der Einsatz von Plastikfolie in der Landwirtschaft herumgesprochen, was sich an den Verkaufszahlen ablesen läßt: Sie stiegen um 150 Prozent. »Während bei Pestiziden Angebot und Nachfrage ausgeglichen sind«, so ein Beamter der staatlichen Planungskommission, »übersteigt bei großen Landmaschinen das Angebot die Nachfrage, bei Kunstdünger und Plastikfolien herrscht nach wie vor ein Mangel.« Nach den Statistiken wuchs auch die land-

wirtschaftliche Produktion zwischen 1979 und 1985 um durchschnittlich zehn Prozent im Jahr. Und aus dem Vokabular der chinesischen Statistiker scheinen die Worte »Planvorgaben« und »Plansoll«, bis in die 70er Jahre Maßeinheit der Leistung des chinesischen Volkes, gestrichen worden zu sein. Statt dessen wird heute von »wirtschaftlicher Wertschöpfung«, was identisch ist mit dem »Nettoproduktionswert der Landwirtschaft«, gesprochen. Und weniger die Pläne der Partei, sondern Nachfrage und Angebot regeln den Markt.
Seit der Reform haben die auf diese Weise umgepolten Wirtschaftskräfte eine Eigendynamik entwickelt, die sich in steilen Wachstumskurven ausdrückt: 1979 hatte die landwirtschaftliche Wertschöpfung noch einen Anteil von 39,3 Prozent am Nationaleinkommen (335,0 Milliarden Yuan), und zusammen mit der leichtindustriellen Produktion, die weitgehend auf der Verarbeitung agrarischer Rohstoffe beruht, ergab sich ein Anteil von 50,6 Prozent am Nationaleinkommen. Bis 1985 stieg dieser Anteil der Landwirtschaft auf 44,6 Prozent, zusammen mit der Leichtindustrie ergab sich ein gemeinsamer Anteil von 60,1 Prozent am Nationaleinkommen. Damit waren die Zuwachsraten im agrarisch-leichtindustriellen Bereich deutlich höher als die Steigerungen in der staatlich-schwerindustriellen Wirtschaftsdomäne.

Verantwortlich für diese Entwicklung sind Leistungsverbesserungen in allen Bereichen der Landwirtschaft. So stieg die gesamte ländliche Wertschöpfung pro Kopf der Bevölkerung von 150 Yuan im Jahr 1979 auf 290 Yuan im Jahre 1985, das heißt um über 90 Prozent. Nach Teilbereichen untergliedert nahm der Anteil der

Feldwirtschaft von 66,9 Prozent (1979) auf 58,1 Prozent (1984) ab. Im gleichen Zeitraum erhöhte die Forstwirtschaft ihren Anteil von 2,8 auf 4,1 Prozent, die Viehzucht und die Fischerei von 15,2 Prozent auf 15,9 Prozent; das Nebengewerbe hatte die steilsten Zuwachsraten mit einem Sprung von 15,1 Prozent auf 21,9 Prozent. Die Baumwollerzeugung nahm zwischen 1979 und 1984 um 184 Prozent zu, die Tabakernte stieg um 90 Prozent, der Ertrag von Ölfrüchten um 85 Prozent, von Zucker um 61 Prozent, von Obst und Früchten um 45 Prozent. Diese Entwicklung gab Politikern und Behörden Anlaß zur Freude, zumindest bis in das Jahr 1987.

Als in diesem Jahr 1987 nämlich am Morgen des 1. Dezember die Rentnerin Wang Yizhi in der »Dongdan«-Kaufhalle in Beijing etwas Schweinefleisch kaufen wollte, sah sie keine Menschenschlange vor dem Fleischstand stehen. Statt dessen wurde sie aufgefordert, ihre Lebensmittelkarte vorzuzeigen. Einigen Kunden in den Großstädten war bereits Monate zuvor aufgefallen, daß die staatseigenen Läden immer weniger Fleisch im Angebot hatten. Um also die Preise für Schweinefleisch zu stabilisieren und Schieberei zu verhindern, haben die Bürgermeister von Beijing, Shanghai, Tianjin und anderen Großstädten wieder auf eine alte Methode zurückgegriffen, um bei Engpässen Waren gerecht zu verteilen: die Rationierung.
Seit dem 1. Dezember 1987 ist jeder Bewohner dieser Städte berechtigt, pro Monat ein Kilogramm Schweinefleisch zum offiziellen Preis zu kaufen. Erstmals seit dem Beginn der Reformpolitik in China Ende der 70er Jahre ist das Schweinefleisch, das für eine Milliarde Chinesen zusammen mit Sojasoße und einer Schüssel voll

Reis das ist, was für einen Europäer die Butter und der Aufschnitt auf dem Brot bedeuten, wieder rationiert worden.

Doch es blieb nicht nur beim Schweinefleisch. Auch der Zucker wurde rationiert: Dreiköpfige Familien haben Anspruch auf ein Kilogramm pro Monat. Und mit dem neuen Jahr 1988 kamen weitere Überraschungen auf die Bewohner der Volksrepublik zu. Bis Mitte Mai stiegen in Shanghai und in Beijing die Preise für Lebensmittel drastisch. Zwischen 30 und 60 Prozent teurer wurden in den staatlichen Läden Schweinefleisch, Eier, Gemüse und Zucker gehandelt. Auf den freien Märkten waren die Preise noch höher. Zwar haben sich nach offiziellen Angaben die Lebensmittelpreise im ersten Quartal 1988 nur um 17,9 Prozent erhöht, doch auf den Märkten, wo die Ware knapp ist, stiegen die Preise um das Doppelte bis Dreifache.

Die Gründe für die Preissteigerung und den Mangel sind klar ersichtlich: In den Dörfern – rund 80 Prozent der Chinesen leben auf dem Land – hat sich die Einsicht verbreitet, daß mit der Kleinindustrie, mit Gewerbebetrieben und Handel mehr zu verdienen ist als mit dem Anbau von Getreide oder der Aufzucht von Schweinen. Denn beide Erzeugnisse müssen die Bauern noch teilweise zu vertraglich festgesetzten, niedrigen Preisen an den Staat verkaufen. Folglich ging die Zahl der Schweine kontinuierlich zurück.
Ein weiterer Grund ist, daß die landwirtschaftliche Produktion immer teurer wird: Das nahezu vor zehn Jahren eingeführte System der Familienverantwortlichkeit bringt es mit sich, daß sich zwar jeder um seinen eigenen

Grund und Boden kümmert, daß aber Maßnahmen wie Projekte für die Wasserregulierung und die Erhaltung des Ackerbodens, Förderungsschwerpunkte in der Ära der Volkskommunen, heute vernachlässigt werden. Und da zahlreiche Pachtverträge höchstens auf 15 Jahre abgeschlossen sind, versuchen zahlreiche Bauern, innerhalb dieser Zeit den Boden so kräftig wie möglich auszubeuten: etwa in Monokulturen mit Gemüse, das, in den Städten verkauft, mehr Geld einbringt als Getreide.

Zu den Folgen dieser Politik gehört auch, daß die Getreideproduktion seit 1985 nicht mehr die vom Staat vorgeschriebene Menge erreicht hat. Die gesamte Getreideanbaufläche wurde zwischen 1979 und 1985 um rund zehn Prozent verringert. Die Regierung mußte 1987 12,6 Millionen Tonnen Getreide im Ausland kaufen (gegenüber 7,7 Millionen Tonnen im Jahr 1986).

1987 ernteten Chinas Bauern auf ihren Feldern noch 400 Millionen Tonnen Getreide, 7,3 Millionen Tonnen weniger als im Jahr 1984. Der sich Jahr für Jahr verringernden Anbaufläche steht eine stetig wachsende Bevölkerung gegenüber: Während der Getreideertrag in den letzten drei Jahren unter der staatlichen Planvorgabe lag, erhöhte sich der Getreideverbrauch mit jedem weiteren Jahr kontinuierlich. Eine Folge dieser Entwicklung ist, daß der Pro-Kopf-Ertrag in China, der 1984 noch durchschnittlich 396 Kilogramm betragen hatte, 1987 auf 376 Kilogramm absank. Gleichzeitig nahm die Nachfrage nach Fleisch, Bier und Schnaps zu, während der Rückgang der Getreideernte zu einem Mangel an Viehfutter führte.

Nach den Zielen der Agrarbehörden soll die Landwirtschaft in China bis zum Jahr 1990 450 Millionen Tonnen Getreide produzieren. Im April 1988 räumten chinesische Fachleute jedoch ein, daß dieses Ziel nicht erreicht werden könne. Denn 1987 seien nur 402 Millionen Tonnen Getreide produziert worden, und um die Zielvorgabe von 450 Millionen Tonnen bis zum Jahre 1990 zu erreichen, müßte jährlich die Ernte um 15 Millionen Tonnen gesteigert werden. Nicht bis 1990, möglicherweise jedoch bis 1992 sei es möglich, dieses Ziel durch zwei Methoden zu erreichen: zum einen durch die Steigerung der Ernteerträge, zum anderen durch Ausweitung des Ackerlandes. Darüber hinaus sei bis zum Jahre 2000 geplant, auf insgesamt 13 Millionen Hektar Hybridreis auszusäen, dessen Ernteerträge deutlich höher seien als die beim gewöhnlichen Reisanbau. Daneben sollen für den Getreideanbau weitere vier Millionen Hektar Ackerland erschlossen werden.

Diese Erklärungen mögen Zielvorgaben für die Zukunft sein, doch in der Gegenwart haben sie in erster Linie den Zweck, innerparteiliche Kritik an der Ausweitung der Wirtschaftsreform zu dämpfen. Denn in Beijing mehrt sich die Zahl der Genossen, die im Getreideanbau wieder eine Rückkehr zur alten Form staatlicher Anbau- und Absatzpläne fordern. Bereits im September 1985 hatte der damals 81jährige Chen Yun, ein einflußreicher Wirtschaftspolitiker und Mitglied des Politbüros, in einer Rede öffentlich gewarnt, die Frage der Ernährung von einer Milliarde Menschen einer marktwirtschaftlich geprägten Agrarpolitik zu überlassen. Er beklagte, daß sich nach Ausweitung der Reformen manche Bauern einer lukrativeren Beschäftigung als dem Getreideanbau zugewandt hätten, und zitierte die These der klassischen chinesischen Staatsphilosophie, daß »zu wenig Getreide zu sozialer Unruhe« führe. Die Sorge um das Getreide ist seitdem in Beijing ein heißes Thema, denn auf den Rückgang der Ernten reagieren die Politiker deshalb so sensibel, weil Getreide immer noch als »Kettenglied der Agrarentwicklung« verstanden wird.

Das hat nichts mit der Ideologie der Partei zu tun, sondern mit den Erfahrungen der chinesischen Bauern: Denn nur in jenen Regionen, wo die jährliche Ernte das Existenzminimum der Bewohner garantiert, ist auch die Voraussetzung für weiteres wirtschaftliches Wachstum gegeben. Dort aber, wo die Menschen auf den Feldern darum kämpfen müssen, das tägliche Brot zu erwirtschaften, fehlen die Energien, die Infrastruktur für eine moderne Wirtschaftsentwicklung aufzubauen.
China ist noch weit davon entfernt, derartige Überschußmengen von Getreide produzieren zu können, die dem ganzen Volk ein Existenzminimum garantieren. So vernichtete eine anhaltende Trockenheit in einigen Weizenanbaugebieten im Frühjahr 1987 den Winterweizen auf einer Fläche von 200000 Hektar. Andere Gebiete wurden von Frost, Hagel und Stürmen heimgesucht. Auf einer Pressekonferenz in Beijing erklärte Den Yaobang, Vizeminister für Landwirtschaft, Viehzucht und Fischerei, im Juli 1987 zur erwarteten Sommerernte, daß in den Provinzen Anhui, Henan, Hunan, Hubei, Zhejiang, Fujian, Yunnan, Guangdong und im autonomen Gebiet Guangxi zwar in diesem Sommer eine höhere Getreideernte als im Vorjahr erwartet werde, doch in anderen Landesteilen, wie in Shandong,

Jiangsu, Sichuan, Hebei, Shanxi, Shaanxi und Gansu, mit einer geringeren Sommerernte zu rechnen sei. Zudem habe Regen im Frühjahr in zahlreichen weiteren Provinzen und Gebieten Chinas »viel Weizen auf den Feldern und Dreschplätzen« verdorben. Aber die Versorgung der Bevölkerung mit dem Minimum von 400 Kilogramm pro Kopf und Jahr sei trotzdem garantiert.

Doch in diesem Fall benutzte der Minister die relative Wahrheit der Statistik, um den Unterschied in der Verteilung zu verschleiern. Nach chinesischem Maßstab reichen 400 Kilogramm pro Kopf zwar aus, um die Ernährung der Menschen zu garantieren. Gemeint jedoch ist damit eine Spanne von 200 bis 700 Kilogramm pro Kopf, wobei beispielsweise 700 Kilogramm pro Kopf derzeit Maßstab für die Sowjetunion ist. Unter diesem Aspekt ist das chinesische Ziel von 400 Kilogramm nichts anderes als eine statistische Größe, die zum einen weit unter der anderer Länder mit dichter Bevölkerung liegt, und eine politische Aussage mit dem Plan, diese Menge zu erreichen und die Verteilung zu sichern. Über den wirklichen Verbrauch – es ist keineswegs so, daß den Menschen acht Säcke à 50 Kilogramm Getreide zur Verfügung gestellt werden – sagen die Statistiken nichts aus. So wird im Süden mehr Reis verzehrt als im Norden, wo der Anteil an Weizen höher ist. In einigen Regionen gehen von dieser Menge ein Drittel bis die Hälfte für die Viehfütterung ab, so daß einem Haushalt effektiv nur 200 Kilogramm pro Kopf an Getreide zur Verfügung stehen, die entweder selbst verwertet oder in Dorfgemeinschaften zur Nudel- oder Brotherstellung verbraucht werden. Zu noch größeren Verlusten führt der gestiegene Wunsch nach Fleisch: Für ein Kilo

Schweinefleisch müssen in China fünf Kilogramm Getreide eingesetzt werden.
Analysiert man das Wachstumspotential der Getreideerzeugung, den Bevölkerungszuwachs und den damit verbundenen Mehrbedarf, dann ist ein jährlicher Erntezuwachs bei Getreide in Höhe von einem Prozent notwendig. Doch diese Größenordnung reicht bereits dann nicht mehr aus, wenn die Fleischproduktion gesteigert werden soll: Diese Steigerung erfordert drei bis fünf Prozent höhere Getreideernten. Doch dafür reicht gegenwärtig wiederum das Potential an Ackerfläche in China nicht aus.

Verschärft wurde dieses Problem durch die Reform in der Landwirtschaft mit der staatlicherseits eingeräumten Möglichkeit für Bauern, auf den freien Märkten gewinnträchtige Anbauerträge anzubieten und zu verkaufen. Die Folge ist, daß zwangsläufig die Grundversorgung bei Nahrungsmitteln rückläufig ist.

Hinzu kommen regionale Unterschiede, die von statistischen Mittelwerten verwischt werden. So ist es trotz enormer Anstrengungen aufgrund der naturräumlichen Voraussetzungen in einigen Provinzen noch nicht gelungen, den Flächenertrag bei Getreide zu steigern: In Gansu werden nur 1,9 Tonnen pro Hektar, in Ningxia 2,3 Tonnen pro Hektar und in der Inneren Mongolei 1,6 Tonnen pro Hektar geerntet, während Gebiete um Shanghai oder Chejiang bis zu 5,2 Tonnen Getreide pro Hektar liefern.
In den offiziellen Mitteilungen der Partei heißt es daher: »China unternimmt zur Zeit neue Schritte, um bis 1993 die arme Gebiete zu einem bescheidenen Wohlstand zu

führen.« Bei diesen Gebieten handelt es sich aber nicht um irgendwelche kleinen Regionen, sondern um nahezu zehn Prozent des ganzen Landes, die als »arm« eingestuft werden müssen, da hier das Pro-Kopf-Jahreseinkommen der Familien unter 200 Yuan liegt. Konkret heißt das: Bei steigender Bevölkerungszahl und begrenzten Ressourcen garantiert die Landwirtschaft jedem zehnten Einwohner Chinas nicht mehr als das Existenzminimum.

Vor dem Hintergrund einer wachsenden Bevölkerung und begrenzter Natur- und Umweltressourcen steht damit auch jede zehnte Familie in China an einer entscheidenden Schwelle in die Zukunft: Ein Schritt kann sie entweder von der Unterernährung zu einer gesicherten Nahrungsversorgung führen, aber auch umgekehrt wieder zurückwerfen in die einseitige oder Unterernährung.

Zweifellos ist mit der Wirtschaftsreform seit 1979 auch das Gesamtniveau der Nahrungsmittelversorgung pro Kopf unwiderlegbar erhöht worden. Doch gleichzeitig haben auch die Probleme zugenommen: Zum einen sind deutlich regional starke Disparitäten zu beobachten, ein Stadt-Land-Gefälle zugunsten der Ballungsräume, die zwar nicht selbst Getreide und landwirtschaftliche Produkte herstellen, aber die Mittel besitzen, diese aus anderen Provinzen einzukaufen. Zum anderen aber hat die Reform auch die Industrialisierung des Landes forciert, die eine schonungslose Ausbeute der Ressourcen von Natur und Umwelt bedeutet. Umweltprobleme, wie die Vergiftung der Flüsse mit Schadstoffen, die Erosion oder der Rückgang der Wälder, haben sich zusammen mit dem Flächenbedarf der wachsenden Industrie und wuchernden Ballungsräume insgesamt zu einer im Vergleich mit 1949 negativen Bilanz bei der landwirtschaftlichen Nutzfläche geführt. Eine rasant wachsende Bevölkerung, die sich seitdem verdoppelt hat, konnte bislang durch eine Intensivierung der landwirtschaftlichen Technik mit mindestens zwei bis drei Ernten pro Jahr auf den Feldern ernährt werden. Verlieren jedoch die Böden Chinas weiter an Fruchtbarkeit durch falsche Bearbeitung oder durch zu extensive Nutzung, vergiften Schadstoffe in Bewässerungsystemen weiter die Ernten, so sind auch die Verluste an Nahrungsmitteln zwei- bis dreimal so hoch.

Ob sich China dieses Risiko künftig noch leisten kann, ist fraglich, denn in der Volksrepublik gibt es nicht die Möglichkeit wie ein Europa, landwirtschaftliche Flächen aus der Produktion herauszunehmen. Vielmehr muß jeder Hektar genutzt und erhalten werden, um auch künftig noch die Kinder des Landes ernähren zu können.

Die Politiker stehen daher vor der Entscheidung, ob sie weiterhin auf das quantitative Wachstum der Wirtschaft setzen oder die akute Krise in der Umwelt bewältigen wollen. Falls sie sich für den zweiten Weg nicht entschließen können, so wird der Fortschrittseuphorie der 80er Jahre spätestens in den 90er Jahren die ökologische Ernüchterung folgen.

Literatur

Smil, V.: »The Bad Earth«, London 1984.
–, »China's Energy«, New York 1976.
–, »China's Water Ressources«, *Current History;* Vol. 77, Nr. 449, Seite 57–61, 86, 1979.
–, »Environmental Degradation in China«, *Asian Survey,* Vol. 20, Nr. 6, Seite 777–778, 1980.
–; Goodland, R.; Toh, G.: »The People's Republic of China: Environmental Aspects of Economic Development«, Washington D.C. 1982.
FAO (Food and Agriculture Organization): »Forest Influences«, Rom 1962.
–, »Freshwater Fisheries and Aquaculture in China«, Rom 1977.
–, »China: Recycling of Organic Wastes in Agriculture«, Rom 1977.
–, »China: Forestry Support for Agriculture«, Rom 1978.
–, »Aquaculture Development in China«, Rom 1979.
–, »Production Yearbook«, Rom 1980.
–, »Fertilizer Yearbook«, Rom 1981.
Kinzelbach, W.: »Environmental Problems in the People's Republic of China«, Berlin 1981.
Richardson, S. D.: »Forestry in Communist China«, Baltimore 1966.
Weggel, O.: »China«, München 1981.
Scheuch, E. K. und U.: »China und Indien«, Zürich 1987.
Landwirtschaftlicher Verlag: »China Agriculture Yearbook 1987«, Beijing 1987.
Staatliches Amt für Statistik, Volksrepublik China: »China: A Statistics Survey in 1985«, Beijing 1985.
Cerutti, H.: »China – wo das Pulver erfunden wurde«, Zürich 1985.
Cheng-siang, Ch.: »China, Essays on Geography«, Hongkong 1984.
Guoguang, L.; Wensen, L. et al.: »China's Economy in 2000«, Beijing 1987
Hanxian, L.: »Economic Changes in Rural China«, Beijing 1985.

Albrecht, D.; von Dewitz, U.; Goedecke, M. K.; Muggenburg, N.; Schneider, Th.: »Landnutzungsplanung in China«, Berlin 1979.
Chinesisches Redaktionskomitee für Handbücher: »Geography«, Beijing 1983.
Mei'e, R.; Renzhang, Y.; Haosheng, B.: »An Outline of China's Physical Geography«, Beijing 1985.
Ministerium für Landwirtschaft, Viehzucht und Fischerei: »Statistics of China's Agriculture«, Beijing 1986/87.

Knaur

Brockert, Heinz
1000 ganz konkrete Umwelt-Tips
»Es gibt nichts Gutes, außer man tut es«
Dieser praktische Ratgeber bietet eine Fülle von Tips und Anregungen für jedermann. 256 S. [7710]

Dubos, René
Die Wiedergeburt der Welt
Ökonomie, Ökologie und ein neuer Optimismus.
René Dubos beweist hier anhand zahlreicher Beispiele, daß tiefgreifende Prozesse des Umdenkens bereits begonnen haben.
320 S. [3774]

Bachman, Anita (Hrsg.)
Erwachen – Möglichkeiten menschlicher Transformation
Lebendig beschreibt Jean Houston, eine der führenden Persönlichkeiten des New Age, die mythischen, historischen, sozio-kulturellen und psycho-physischen Hintergründe und die außergewöhnlichen Methoden einer »Therapeia«.
234 S. mit s/w-Abb. [3871]

Eisbein, Christian
Watt in Not
Aus dem Tagebuch eines Wattläufers.
Ein Wattläufer erzählt vom Niedergang einer der letzten deutschen Naturlandschaften und von seinem Kampf gegen die ökologische Gleichgültigkeit seiner Mitmenschen.
352 S. mit s/w-Abb. [3858]

Ökohelp, J.
Billen-Girmscheid, G. /
Röscheisen, H. (Hrsg.)
Öko-Adressen
Sämtliche Adressen zu den Bereichen Landschaftsökologie, Landschaftspflege, Luft, Wasser, Boden, Lärm, Energie, Ernährung, Arbeitsplatz und Gesundheit u. a.
400 S. [3899]

Lutz, Rüdiger
Ökopolis – Eine Anstiftung zur Zukunfts- und Umweltgestaltung
Anhand erster Ansätze und Pionierprojekte werden gangbare Wege in die nachindustrielle Zukunft gezeichnet.
416 S. mit s/w-Abb. [3870]

Aktuelle Sachbücher

Knaur

Yoshikawa, Eiji

Musashi
Musashi ist ein Unterhaltungsroman mit »tieferer Bedeutung«. Es ist der dramatische Prozeß der Selbstfindung eines bedeutenden Schwertritters im Japan des 17. Jahrhunderts, der Weg eines Mannes, der durch den Staub zu den Sternen geht. 800 S. mit s/w-Abb. [1517]

Clavell, James

Noble House Hongkong
Auf über tausend Seiten schildert Clavell in diesem Bestseller den spannenden Kampf englischer und chinesischer Geschäftsleute um die Macht in einem der ältesten Handelsunternehmen Hongkongs. 1072 S. [1439]

Shōgun
Der Roman Japans. Ein gewaltiges Epos über eine exotische Welt voller Dramatik, Abenteuer und Leidenschaft. Erfolgreich verfilmt. 960 S. [653]

Rattenkönig
Eine Männerwelt hinter Stacheldraht im malaiischen Dschungel – voller explosiver Spannung. 383 S. [625]

Tai-Pan
So nannte man Dirk Struan, der Hongkong zum »Juwel in der Krone Ihrer Britischen Majestät« gemacht hat. Weltbestseller. 638 S. [235]

Buck, Pearl S.

Lebendiger Bambus
360 S. [127]

Drachensaat
234 S. [796]

Die Frauen des Hauses K
128 S. [676]

Die verborgene Blume
Eine der schönsten Liebesgeschichten von Pearl S. Buck. 224 S. [1048]

Romane

Droemer Knaur®

bei Knaur

Naturwissenschaft präzise und verständlich. »Ein hervorragendes Nachschlagewerk für die naturwissenschaftlichen und technischen Grundlagen unserer heutigen Welt.« Südwestfunk

384 Seiten mit 60 Abb.
Band II: Bausteine des Lebens

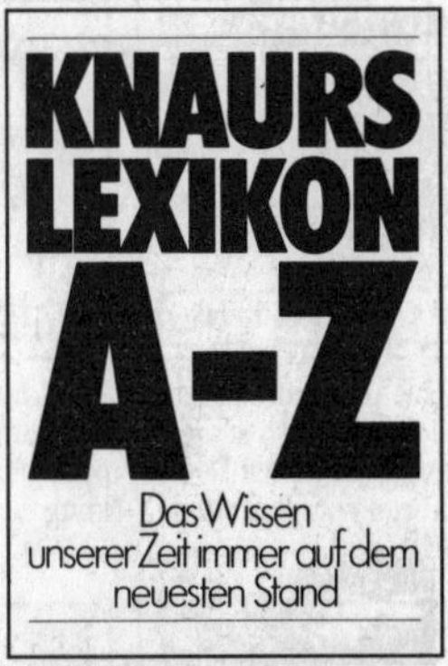

»Der kleine Knaur« auf dem allerneuesten Stand: 1.088 Seiten, 50.000 Stichwörter, 3.000 Illustrationen, 72 z.T. farbige Bildtafeln, 55 Schaubilder, 40 z.T. farbige Karten.

Ein umfassendes Handbuch, in dem das Alte und Neue Testament auf eindrucksvolle Weise lebendig wird.
648 Seiten, 684 farbige Abb. und Karten.

Zu allen Fragen die richtige Antwort. Ein ausgeklügeltes Verweissystem und die alphabetische Anordnung ermöglichen jedem, den gesuchten Begriff im Nu zu finden. 751 Seiten.